「行動の見える化」で成果は変わる。

赤鹿地所 代表取締役社長
赤鹿 保生 著

8期連続増収増益の社長がすべて見せます

目次

第一章

第二章

第一章

■ 経済成長のただ中、出生
■ 父が見せた、経営者の重圧
■ 赤鹿グループの原点
■ 父が語った2つの言葉
■ 創業者の息子の宿命
■ 初めての後悔
■ 不動産の世界へ
■ バブル崩壊　父の会社へ
■ 手探りの仲介業務
■「社長の息子」の改革
■ 正に順風満帆
■ ブーム終焉　経営危機
■ 父からの突然の更迭
■ リストラ　自責の日々
■ 本物の経営者になるために

■経済成長のただ中、出生

私、赤鹿保生は、昭和41年9月10日、兵庫・姫路市で生まれました。国宝・世界遺産の姫路城や、三大荒神輿のけんか祭りなどで知られる姫路。現在、人口約53万人を抱える大都市ですが、その都市基盤は、ちょうど私が生まれた頃から急拡大しました。41年に手柄山で姫路大博覧会が開催され、47年には山陽新幹線姫路駅開設、私の少年時代は、街並みが急激に変わっていくことを誰もが実感した時期です。

日本全体を見ると、戦後経済成長の象徴である東京オリンピックが私の出生2年前の昭和39年、関西では、昭和45年には大阪万国博覧会の開催が控えていました。オリンピック後の不況をはさみつつも、40年から始まった「いざなぎ景気」による景気拡大は、その後57ヶ月間続き、戦後最長を更新することになります。

このマクロ経済の大きな変化は、そのまま一般家庭にも波及します。この時期、日本社会にあったのは「これから、我々はもっと豊かになる」という共通感覚。家庭内に、毎年電化製品が一つずつ増えていくような、目に見える生活の向上がありました。そして、それを煽るかのように、テレビではアメリカのホームドラマが次々に放映され、システムキッチン、電化製品、大きな自動車、アメリカの大家族が見せるスケールの大きなライフスタイルに憧れを抱きました。そのような社会の雰囲気のなか、私は変わりゆく街を、まだまだ多く残っていた緑の山々を、走り回っていたのです。

父が見せた、経営者の重圧

私が生まれた当時、私たちの家族は両親と、３歳上の兄。その３年後に弟が生まれます。何不自由なく育てられ、一般的には「社長の息子」といったところでしょうか。男3人兄弟というと、兄弟喧嘩も日常茶飯事でした。1つのジュースを3つのコップに分けるだけでも喧嘩は起こります（笑）。まさに幼い頃から競争の中で育ったような気がします。両親は中学校になるとテレビに夢中になる私たち兄弟3人に対して、当時旅館のテレビによく付いていた100円玉を入れないとテレビの電源が付かない機械を設置しました。新し物好きな父はアメリカ車に乗り、高校生の頃になるとメルセデスベンツに乗っていました。

5人家族は、太陽のような存在だった母親の愛情のお蔭で賑やかで明るい家庭ではありましたが、中でも特別な存在感をもっていたのが父、赤鹿武でした。それは無論、「一家の大黒柱」であるからでもありますが、何か「温かい家庭」とは異質の世界を持ち、独特のたたずまいがあったためでもあります。

父の存在感は、「不在」によってむしろ高まりました。そもそも家にいないことが多く、家に帰ってくると、明らかに家庭の空気が変わり、緊張感が張り詰めます。というと、何かと怒鳴り散らすような「雷おやじ」を想像するかもしれませんが、そうではありません。もちろん子供を叱ることはありますが、普段は口数の少ない優しい父。

ただ、その父の独特の存在感を作り出す要素の一つが「表情」でした。茶の間でくつろいでいても、テレビを見ていても、いつも何かが頭を支配している様子。テレビ画面ではなく、その奥、遠くを見ているような表情を浮かべることがよくありました。神経が高ぶっているときは、家族の誰も近寄れない無言の圧力を発します。私たち兄弟もそれを感じ取り、父がいるときは、兄弟げんかはぴたりと止みます。

物心がつくと、だんだん父に独特の緊張感と、その愁いを帯びた表情を作り上げている要因がわかってきます。

赤鹿グループの原点

ここで、父が創業した会社について説明します。昭和3年生まれの父は、昭和の激動期に青春時代を過ごし、その真っ只中に戦争がありました。当時不治の病と言われた結核で姉や母を亡くしました。神戸工業専門学校（現：神戸大学）に進学し、建築設計を学びます。程なくして自身も結核を発症、大学を中退して10年以上にも及ぶ闘病生活を送りました。その後、奇跡的に退院して住宅会社の営業マンとして就職しましたが、長くは続きませんでした。

なんとか生活基盤を作らなければならない、と目をつけたのが先祖から受け継いだ土地でした。姫路の急速な発展から将来性を見込み、志半ばで終わった建築設計の知識を生かし、知り合いの大工の協力を得て、誰もが住みたくなるような理想のアパートを自ら設計して建てました。当時のアパートといえば、共同炊事場、風呂なしが当たり前。水洗便所とキッチン・風呂を備えた近代的なアパートは地域で話題になったそうです。

「これからの日本はもっと豊かになっていく。良い住まいが求められる時代が必ず来る」と確信を得た父は、昭和35年に赤鹿工務店(現 赤鹿建設)を設立。職人を雇い、建設業を本格的に創業したのです。そして昭和38年、母と結婚しました。木造住宅の建築から建築業を始めましたが、次第にビル建設や大型の公共建物も手掛けるようになりました。時は高度経済成長期に入り、会社はどんどん成長していきました。母はその父を常に献身的に支え、当時、アメリカに視察に行った際、現地発祥の建築工法で、工期が短く規格化されて品質にバラつきがない「ツーバイフォー」の知識を吸収したことも影響し、日本ではまだ普及していなかった建売住宅の分譲も始めたのもこの時期です。その後、松下電器の部門別会計の考えをヒントに建築工事部門、住宅分譲部門、設計部門、注文住宅部門などを部門別管理を進めていきます。

後に各部門は、分社化により独立した会社として幹部を育てて、グループ会社を順次作っていきます。私が生まれ、少年時代を過ごした頃は、丁度父の会社の多角化が始まった頃、我が国の経済発展を迎えようとしていた時期だったのです。

父が語った2つの言葉

父が口癖で、よく自らに言い聞かせるようにつぶやいていた言葉があります。それは「天は自ら助くるものを助く」。

結核との闘病で、常に死と隣り合わせにあった父は、文字通り命がけで会社を立ち上げ、事業を大きくしてきました。『天』という言葉の、厳粛な響きは、父が持つ経営者としての使命感、経営に命をかける覚悟を感じさせました。

小学生だったある日、寝つけなかった私は子供部屋からリビングに入ろうとした際、こんな会話を耳にしました。

「子供は死んでもまた作ればいい。会社をつぶせば取り返しがつかないんだ！」

今でも鮮明に覚えています。今考えてもすごい言葉です。当時は言葉の意味はあまり判りませんでした。子供心に、その鬼気迫る様子に背筋が寒くなったことを思い出します。しかしそれ以降、高校や大学に入ってもこの言葉が頭から離れませんでした。思春期の時期はなんて冷酷な父親なのか？と この言葉を解釈した時期もありました。会社を命を懸けて守りぬく姿勢を見せなければならないこと、実際の気持ちはどうあれ、家族よりも会社を優先することを明言しなければ人を動かすことができない事があったのではと推測します。

この言葉の本当の真意を理解するのは、32歳で社長を承継したずっと後の40歳前後の事だと思います。父にこの言葉を言わせた経営の厳しさはわかっているつもりです。当時、父がどのような経営状態だったのか？どのような心境だったたか？ と考えると、胸に迫るものがあります。

創業者の息子の宿命

「死んでも作ればいい」という出来事こそありましたが、父は基本的には子供に優しく接していました。しかし、3兄弟それぞれに対する眼差しに特徴や差異があることも、幼いながらに感じていました。

父が長男である兄への接し方で現れていたものは「期待」です。たしかに厳しさはありましたが、長男として会社を継いで欲しいという気持ちと、何かにつけ長男をたてる素振りなど、兄が期待通りに行動したりすると、嬉しそうな顔をしていたことを思い出します。そして末っ子の三男の弟には、多少甘いところがありました。これはどの家庭でも多かれ少なかれみられることなのかもしれません。

その中で、次男である私はというと、いつもその狭間で一番叱られ、愛情に飢えた感情を抱いていました。父に褒められた記憶はなく、「父に褒められたい」、「存在を認められたい」という感情が、時に逆の方向に向かい、よく両親を怒らせたり、心配させることもしばしばあったかもしれません。その気持ちは、その後の人格形成にも大きく影響したものと思われます。

どんな親であっても、はじめての子と2番目の子、末っ子には、子育てへの慣れ等から、扱いに多少の差が出てしまうものだと思います。しかし、父の視線には、それだけではない強固な何者かを感じていました。兄弟に対して、分け隔てなく無償の愛情を注いだ母との比較で余計にそれが強調されたのかもしれません。企業経営者にとっての子、当時はとくに長男が、この世に生を受けたときから、ゆくゆくは会社を「継ぐ」存在として見られているということに気づくのは、それからだいぶ後のことです。

初めての後悔

病弱な父とは異なり、私はありがたいことに健康に育ち、幼い頃から病気することと一つない元気いっぱいの少年でした。勉強はあまり好きではなかったですが、友だちと山や公園に行って虫取りや魚とりの遊びに興じ、毎日を楽しく過ごしていました。

とくに、少年時代夢中になったのが「自動車」です。同年代の方ならご存知だと思いますが、当時子どもたちの間で「スーパーカーブーム」が起こっていました。ブームの火付け役となった漫画『サーキットの狼』が少年ジャンプに連載されたのが昭和50年から54年。私がちょうど小学校高学年の頃と重なり、まさに直撃世代です。当時は車の展示会等のイベント、レースに小学生の子供たちが殺到していました。

私も車好きだった叔父に頼み込み、サーキットによく連れて行ってもらっていました。爆音を響かせて、レースカーが走る姿に私は虜になっていったのです。

そして私の車好きは、見るだけにとどまりませんでした。小学6年生の時には近所の車屋さんにあったレーシングカートの中古を買ってもらい、競技にも参加しました。更に高校時代は、勉強よりもカートレースに夢中で、有力ショップのチームに移りました。タイムが良くなっていくことに無上の喜びを感じました。学校から帰ると、自宅から隣町（兵庫県高砂市）のカートショップに行って自分のカートの整備に精を出し、往復40㎞を毎日のように自転車で通い続けました。

当時、カートレースは18歳以下のジュニア選手は少数でしたが、地元のレースでは上位入賞できました。そして全日本選手権の前座レース「ナショナルカップ」にも出場しました。しかし、全国のレベルになると全く歯が立ちません。大学に入ってしばらくすると、レースへの情熱が徐々になくなってしまいました。時はバブル時代に入り、カートの練習よりもディスコ通いが楽しくなり、やがてレース活動も辞めてしまいました。

当時、ナショナルカップに出場した同じ選手の中で、その後に有名なプロ選手になった人もいます。私は今でも、「あのときにレースを続けていたら今頃どうなっていただろう」と想像することがあります。私の「レーサー」としての記憶は、青春時代の良き思い出であると同時に、あれだけ好きであったことを、簡単に諦めてしまった自分の弱さを思い知る、苦い思い出でもあります。「自分の意志は貫き通さなくてはならない」という、強い戒めになっているのです。

不動産の世界へ

幸か不幸かレーサーへの道をあきらめた私は大学卒業後、ついに不動産の世界に飛び込みます。まず就職したのは、大手のマンション分譲会社。分譲マンション供給戸数で全国2位の会社でした。

平成元年で不動産と聞くと、お気づきの方は多いでしょう。時はバブル経済の最盛期です。不動産ブーム、投機マンションブームで、大げさではなく「つくれば売れる」時代が到来していました。人が住む予定のないマンションが何度も取引され、売る物件がなくなり、値段がさらに跳ね上がるといった状況を、誰も異常と思っていなかった時代でもあります。

新入社員であった私達には担当するマンションが足りないため、別部門であった『ダイエットクッキー（ハイブロッキー）』なる健康食品を売ることを命じられます。とってつけたような新規事業ですが、これがまたよく売れるのです。日本中が金の使い道を探していたのかもしれません。

私は割と社交的な性格でもありましたので、飛び込み営業は苦になりませんでした。訪問販売も、ほかの人の倍、件数を回ることを自分で決めていました。そして夜間には、マンションのアポイントの電話営業も担当します。電話営業を嫌がっている同僚は多かったのですが、私は率先して行っていました。そのかいあってか投資用ワンルームマンションを同期の誰よりも販売し、「新人賞」を頂きました。

このささやかな「賞」は、あまり褒められた事のなかった幼少時代、結果を残せず引退したカートレース時代を経て、初めて味わう人に褒めてもらった体験でもありました。ひと一倍の努力をしたという自負もあり、「努力すれば必ず出来る」と感じさせてくれた出来事だったのです。

しかし、それもまた時代の雰囲気がもたらしたものでもあります。平成元年、三菱地所がニューヨークのロックフェラーセンターを買収するなど、あふれるジャパンマネーは世界を席巻。エズラ・ヴォーゲルの日本論『ジャパン・アズ・ナンバーワン』ではありませんが、当時は私にかぎらず、日本中が「自分はできる」「我々が一番だ」と高揚した時代でした。そして、そのように感じられる時間はそれほど長くは続きませんでした。

バブル崩壊　父の会社へ

「何かが変だ」「明らかにとんでもない変化が起きている」。

ハイテンションで突き進んでいた私たちの頭上に暗雲が垂れこめたのは平成2年の終わり頃。新聞広告に出したマンション分譲の広告に反響がぱったりとなくなったのです。訪問販売や電話営業の成績も、目に見えて悪くなっていきました。会社では、それまで急ピッチで進められたマンションの完成在庫が積み上がり、財務内容は悪化。大量に採用されていた同期社員も次々に辞めていきました。

バブル崩壊で私が経験したのは、自分の努力によって勝ち取ったと思っていたことが、大きな状況変化で一瞬にして無になるということ。そのとき一人ひとりの人間は、ただ茫然と、たちつくすしかないという無力感です。もちろん不動産業が市況の影響を強く受けることは知っていたつもりです。しかし自らの才覚で顧客を増やし続けているという自負があった私にとって、これは衝撃的な出来事でした。

バブル崩壊により営業社員としての将来に不安を感じていた私に、父が前年に設立した不動産会社、赤鹿地所への入社を強く勧めてきたのです。その勧めを受け、私は平成3年に退職後、同社に入社。その後、最初に入社した不動産会社は平成15年、3千億円以上の負債を抱え倒産しました。

手探りの仲介業務

当時、父の会社は分社化によりグループ5社を形成しておりました。赤鹿建設の各部門を独立化して、昭和47年の住宅分譲＝アカシカハウスを皮切りに、戸建建築

＝アカシカ住宅、設計＝プランニングパック、そして不動産仲介＝赤鹿地所と言うように各責任者と共に分社化し、グループ化していったのです。これまではグループ各社が所有する賃貸不動産の入居管理は、外部の不動産会社に委託し手数料を払っていました。父は外部に支払っていた仲介手数料なくし、不動産仲介業を内製化したのです。

また、父の構想として、グループ企業を作ることは息子たちへの会社承継の道を確保する意味もあったのではないかと思います。不動産の営業の経験を積んだ私に、バブル崩壊を機に、新設立の会社への入社を強く進言したのもそのためでしょう。日本中が危機にある中、父は着実に自らが考える組織づくり、将来を見据えた投資を積極的に進めていたということになります。

とはいえ、見切り発車で立ち上げたばかりの赤鹿地所。父の幹部である責任者（常務）を筆頭に総勢３名の社員の中に係長として入社しました。仲介・管理業務経験のある人は一人もおらず、すべての仕事が見様見真似の状態でした。前の会社で不動産販売の「戦場」にいたという自覚があった私からみると、牧歌的というか、のどかというか。営業のマニュアルすらなく、目標や方針もなく、社員は目の前の作業をこなしたあとは、ぼーっと所在なさげにしています。すべきことがわからないので、当然のごとく社員は定時に帰宅。スタートアップ企業に似合わぬモチベーションの低さでした。

「自分がこの会社を変えてみせる！」

新たな目標が定まりました。

「社長の息子」の改革

私がまず手掛けたのは、業務フローの整備でした。自分の経験を踏まえて営業のマニュアルを作り、またコンサルタントを入れて、業務を標準化していきました。それにより社員は出社から退社までにすべきことが明確化され、生産性を高めることができました。

しかし、「改革」を進めるうち、次第に社内に不協和音が聞こえてくるようになりました。当時50代の常務がいるにもかかわらず、20代の「社長の息子」が業務に口出しし、どんどん仕事のやり方を変えられているという事への不満の声が起こったのです。

今はそのような声が起こる理由もわかりますが、当時は前しか見えていません。「正しいことを言っているのに邪魔ばかりする」と、心がささくれ立つ感覚がありました。当時の常務との意見対立は特に激しく、感情的なやりあいをしたことも一度や二度ではありません。

幸いにも、売上は徐々に増え、利益の面からも順調に成長、支店も増やし、不動産仲介業務は軌道に乗ってきたことは明らかでした。自分の試みが業績につながったことで、得意な気持ちもありました。しかし、意外だったのが対立していた番頭である常務が退職した時、自分のそばで意見をしてくれる人がいないことに強烈な寂しさを感じた事。よく言われる「経営者の孤独感」というものを初めて感じた瞬間でした。

正に順風満帆

赤鹿地所の好調、拡大は父に大きな満足を与えました。このころ赤鹿グループは、総合建設業の赤鹿建設を主として、アカシカハウスが行うマンション分譲をグループの基幹業務として展開する方針があり、用地開発、設計・建築工事、販売、管理と、マンション事業を一貫して行う体制を整えていました。

そして1999年、父はマンション事業の中心であるアカシカハウスの社長に私を任命する決定をします。赤鹿地所で仲介業を大きく成長させたことを評価してのことでした。「父に自分の実績を認めさせた」。私にはそれが何よりもうれしく感じられました。

この時の関西の不動産市況が、グループのマンション事業を後押ししました。バブル崩壊後、急激な不動産価格の下落と、日銀による流動性を供給するための政策金利引き下げがあり、平成11年からはゼロ金利政策が始まりました。それにより少しずつ不動産市況は回復。低金利で住宅ローンが組める状況は、近畿地方に再びマンションの需要を高め、「バブルの再来」とまでいわれる状態で、業界は色めき立っていたのです。

順調に販売戸数を伸ばしていったアカシカハウス。戸数拡大とともに仕入れ戸数の強化や販売戸数の強化も必要になります。もともと販売業務が得意であった私は、同じく社長を務める赤鹿地所にマンション販売事業部を設置し、販売員を採用。事業主＝アカシカハウス、販売受諾＝赤鹿地所と言うスキームを作りあげたのです。社員3名の赤鹿地所は一気に拡大し、最大27名へと増大しました。姫路市内が中心であった供給エリアも、加古川、明石、神戸と広げ、供給戸数は倍以上に増えました。そして同年、アカシカハウスと赤鹿地所は、過去最高益の経常利益を計上したのです。グループの基幹事業であるマンション事業を担う34歳の私にとって、それはまさに「順風満帆」といってよい状況でした。

ブーム終焉　経営危機

しかし、歴史は繰り返すもの。マンション再ブームも、また陰りを見せることになります。まずブームの加速とともに、マンション用地の価格が高騰し、収支は悪化。

後を追うように、高騰したマンションの売り上げが下がっていきます。

バブル崩壊による価格下落、金融政策による金利低下がプチバブルを作り、それがまた崩壊していく。抗えない外部的な市場の変化により、なすすべなく立ちすくむ。20代の頃に感じたあの感覚がよみがえります。

しかし、その時の私は、当時のような新入社員ではありません。2社を率いる社長であり、危機に際し、なんらかの方針を打ち出さなければならない立場です。私の考えは「勝てる戦いをしよう」。用地の仕入れを抑え、在庫マンションを値下げして販売を立て直し、ソフトランディングを狙うべき場面だと考えました。

しかしここで、会長を務める父と決定的に意見が食い違います。父は逆に強気の仕入れ、高めの価格設定を主張し、私の方針を真っ向から否定したのです。挙句の果てには「設計が悪いから売れない…。」トップの不協和音は社内に伝わり、アカシカハウスの雰囲気は一気に悪くなりました。私の考えに同調する幹部を父が叱責する声も毎日のように聞かれるようになりました。

父からの突然の更迭

そして平成15年6月、おそらく一生忘れることはないであろう出来事が起こります。全社員参加の朝礼で、父が訓示で、いきなりこう言ったのです。

「代表取締役社長、赤鹿保生を解任する。そして会長の私が社長を兼任する」

全社員を前にした、突然の社長解任の宣告でした。突然の発言に私は言葉を失い、その場で立ち尽くしました。その時の私は、怒りでも悲しみでもなく、ただ茫然とした表情を浮かべていたと思います。そして朝礼のあと、我に返って抗議した私に向かって、父はこう言い放ったのでした。

「アカシカハウスは、私の会社だ」。

私は父の言葉を否定はできませんでした。それは、株式の所有割合がどうであるかといった法律的な所有権の問題でも、「会社は誰のものか」といった、経営学的な問題でもありません。もっと原始的な力の差を見せつけられた気がしました。

私は社長の肩書を背負ってはいるものの、それまで経営の陣頭指揮は父がとっていたと言って良い状況でした。意見が異なるときは、たいてい最後は父の意見に従っていましたし、私も、親子経営ってそんなものだと思ってました。そして対立が決定的となり、私が父と正反対の方針を断行しようとした結果が、更迭。「自分の存在は一体何だったのか…」。今までの経験、努力、すべてが否定されたような気がしました。

リストラ　自責の日々

そして、自分が社長を降ろされることよりも何倍も辛い経験が待ち受けていました。それは赤鹿地所の社員のリストラです。

前に書いたように、赤鹿地所では、アカシカハウスとの提携関係をもとに設置したマンション販売部門で大量の社員を採用していました。そのうち一部の社員はアカシカハウスに移籍し、また辞めていくものもいましたが、どうしても抱えきれない8名の人材を、整理解雇せざるを得ない状況となったのです。

入社以来、喜びも苦労も共有してきた社員を個室に呼び、解雇の通知をした時のことを思い出すと今でも胸が痛みます。私からの通告に、言葉を失い唇を噛みしめる社員、泣き出す社員もいました。ある社員の「私はこの会社が好きなんです。給料は半分でもいいので働かせてください」という言葉を聞きながら、まっすぐに社員に目を向けることすらできず、私はひたすら頭を下げるだけでした。

解雇を通知した日は、車の中で子供のように声をあげて泣きました。しばらくは夜も眠れず、会社では次々に人が減っていくオフィスで、何も手につかず、呆然と時間を過ごす日々が続いたのです。実はこの頃、心配をかけたくないため「業績の関係で給料は減らすが我慢してくれ」と言って、妻にも本当のことを言えずじまいでいました。

本物の経営者になるために

改めて言いますが、私は父を深く尊敬しています。状況の分析力、決断力、行動力、そしてカリスマ性のある統率力。52歳の今でもとてもかなわないと感じる所は多くあります。目標とする経営者、否、尊敬する人物は誰かと問われれば、迷いなく「父、武である」と答えるでしょう。しかし、その日から10年以上は当時朝礼で起こったこと、父の決定には納得できませんでした。思い出すたび、驚くほど生々しく、どう処理してよいかわからない感情が込み上げます。

今にして思えば、この父への怒りは筋違いでもありました。どのような理由があるにせよ、私が社長を務める会社で、無謀な大量採用、事業拡大を行い、そして整理解雇を行ったことは紛れもない事実であり、これは自分の責任以外の何物でもないのです。

思えば、20代、30代のころの私は、自分の会社を経営していながら、「父に認められたい」という気持ちがモチベーションになっていました。そして、社長解任後は父を恨み、否定し、対抗しようとした時期もありました。しかし父に認められたいという気持ちと、反抗する姿勢は、コインの表と裏にすぎず、いずれにしろ主体性はありません。私には、経営者の息子、という与えられた条件をどのように引き受け、自分の意思で未来を切り開いていく視点が欠けていたのでしょう。

また、経済の変化も与えられた条件です。市場はときに追い風となり、信じられないような成功をもたらし、人を過信させ、有頂天にさせます。しかしいったんそれが自分に牙をむくと、まったく抗えない力ですべてを破壊します。危機の時にこそ経営者の本当の器が顕わになります。危機に対し、ただ茫然とたち尽くすだけならば、成功も結局は自分の力で切り開いたものではなく、外部の状況に流されているだけなのです。

人は経営者に生まれるのではなく、経営者になります。私は挫折を経て「本物の経営者」に生まれ変わらなくてはならないと強く誓いました。私自身の意思決定で、危機に立つ赤鹿地所を立ち直らせ、有望な事業を創出し、利益を生み出さなくてはならない。どのような危機にもたじろがずに立ち向かい、社員を守らなくてはならない。二度と社員の生活を奪うようなことをしてはならない。

私の「第二創業」がスタートしました。

第二章

背水の陣で生まれた「宅地分譲の事業」

父が設立したマンション分譲会社、アカシカハウスの社長として、マンション住宅ローンの低金利の波に乗って急成長を達成、拡大路線に走り大幅な投資と大量採用を実施したものの、市況悪化により内部分裂であっという間に父の会社の社長降板。一瞬にして赤鹿地所は売上の70％を失い、大幅な人員整理を行いました。

この体験は、私が不動産の世界に入ってから少しずつ築き上げてきた経験や実績、そこで得た確信、そして小さな成功体験、自信を根底から覆しました。失意の中、解雇した社員への自責の念にさいなまれる日々が続きました。

そんな時に、ＪＣの後輩が勧めてくれた研修セミナー。それが日本創造教育研究所の可能思考研修（ＳＡ：基礎コース）という3日間のセミナーでした。これまで34年間生きてきて考えてもみなかった事を３日間考え続けました。その後も変革コース（SC）、実践コース（LT）と参加しました。自分自身がどんな人生を送りたいと思っているのか？何の目的で経営してきたのか？その為にどんな努力が必要か？そしてその結果、何を成し得ようとしているのか？

不動産仲介会社、赤鹿地所の社長として、残った5人の社員とともに会社を立て直す使命がある。「もう二度と、メンバーの生活を奪うようなことをしてはならない」と決意を固めました。研修終了後は、自分でも驚くほど矢継ぎ早に行動を起こしました。

そのために必要なことは言うまでもなく、売り上げの確保です。当時、残った不動産仲介部門の売上は僅か5000万円程度、5人所帯の固定費も賄える売上ではありませんでした。従来の不動産仲介業務だけでは、到底成り立ちません。衝動に駆られるように思いついたのが、自社で宅地開発をして、昔から抱いた構想を実行する事でした。

それは、まだ私が第一線で不動産仲介の営業をしていた頃の話です。ある日、ご婦人が事務所に立ち寄られました。そのお客様は、親戚の大工さんに建物を建てて貰う予定でしたが、きちんと整備・開発された住宅地に息子さんの居宅用地を探されて、何件もの不動産業者を廻っておられるとの事。「どの物件を見ても建築条件付の分譲地、どこかに土地だけを売ってくれる新規の分譲地は無いものか？」という相談でした。

確かに世の中の新規分譲地の多くは、地域の住宅会社・工務店が行う事が一般的です。当然その会社の受注目的のために土地を仕入れ、土地と建物をセット販売するのが、その最大の目的でもあります。これがいわゆる「建売分譲住宅」です。更にセット販売の方法も、一般的に①完成販売の「建売住宅（完成住宅）」と②未完成販売の「売建て住宅（土地を売ってから建てる）」の2種類がありますが、①「建売住宅」とは、事前に造成された住宅地に戸建住宅を建てて現物販売する手法です。美しい家具がディスプレイされ、建物見学会やイベントを開催し、集客する事ができる最もポピュラーな販売手法です。一方、②「売建て住宅分譲」は、通称「プラン販売」とも云われ、宅地契約後に購入者は一定の選択肢の中から建物プラン・仕様を選び、建物受注契約を条件付に購入する方法です。地方では昨今、この②の手法を使う分譲地が多く、「建築条件付の宅地分譲」と称され、土地主体で集客し、気に入ったお客様に既定の建物を進めるパターンとして通例化しています。

私は、そのお客様のご相談を聞いた時、「このニーズが必ず一定量あるはずだ」と確信していました。再起をかけた瞬間、自社の仲介業務で、1年近く買い手のつかない売り物件がある事を思い出したのです。姫路市中心から北西部に位置する「姫路市書写」というエリアに農地（田んぼ）の売却を依頼されるものの、面積も712坪と大きく、形状も悪かった為、中々買い手がつかない物件でした。

「そうだ、あの土地を買って、宅地分譲をしよう！」

幸い、長年不動産販売に携わっていたので、エリアの市場性や販売状況は分かっていました。あのお客様のような方が、きっと他にもいるに違いない。拡大志向で失敗したばかりの私でしたが、この決断に迷いはありませんでした。

その後、売主さんに当初売却希望額より幾分か安くして頂き、土地を仕入れ、晴れて12区画の宅地分譲地「ロワイヤルガーデンズ書写」が完成。これまで業界では常識であった「建築条件」がない宅地分譲地は、一瞬で市内に知れ渡り、販売を開始すると、あっという間に完売しました。これまで抱いていた構想が間違いでなかった事が何より嬉しかったと同時に、本格的にこの事業を進めていく勇気が生まれました。これを契機に、我社は不動産仲介業から不動産開発業に舵を大きくシフトするきっかけを掴んだのです。

人員削減など社内の大混乱で不安を感じ、モチベーションを喪失しかけている社員に一番必要なのは自信だったのかもしれません。「これならやれる」という確信が必要だったのは社長の私だけでなく、社員全員でした。従業員にとって、今やっている仕事が「誰かの期待（ニーズ）」に応える仕事か否か、「待っている人」がいるか否かが、組織改革の中で一番大切な事だと知りました。

以降、宅地用地を積極的に仕入れ、「ロワイヤルガーデンズ」のブランドで姫路市内を中心に宅地分譲事業を展開していく事になります。ここからが我社の第2創業と位置付けています。

業界の常識は社会の非常識？

記念すべき宅地分譲の第1弾「ロワイヤルガーデンズ書写(12区画)」が無事成功し、益々事業を本格化させる事になりました。不動産の仲介販売、受諾販売メインの弊社には、宅地造成・開発設計の技術者もいなければ、経験者もいません。最低限の開発設計業務は外部の設計事務所に委託し、事業計画の企画・申請から各種手続きなど、見よう見まねでのスタートでした。不動産営業の経験はありましたが、宅地分譲事業は完全にど素人。しかし、それがかえって良かったのです。業界にどっぷりと浸かっていない分、自由な発想で開発団地を創る事ができたと思います。

例えば、以前世間を賑わせた旭化成のマンション杭工事の問題も、「コスト削減と工期厳守」を最優先させ、肝心な工事管理や検査が後回しになった実例と言えます。建築業界全体に蔓延する事例なのです。同じ事が開発団地の造成工事でも言えます。そもそも宅地造成工事は、仕入れた土地の敷地内に道路を走らせ、各住宅区画を整備します。敷地内には道路以外にも、関連公共施設（提供公園、道路、側溝、電柱、街灯、ゴミ置き場、防火水槽等）を整備して、管轄行政に無償で提供しなければなりません。従って、５００坪の土地を購入しても、これら関連公共施設を差し引くと、実際販売できる用地は、３００～３５０坪（60～70％程度）。宅地造成業者は開発団地を計画する際、いかに販売面積を多く確保できるか否かが、事業の採算性に大きく影響します。

①敷地面積―②公共施設面積＝③宅地販売面積

右の公式が指すように、販売できない（お金にならない）道路、公園、ゴミ置き場など、公共施設の面積を最小限に留め、歩留りを高めてより多くの宅地面積を生み出す事が、事業採算性が良い理屈となります。

しかしそれは行き止まりを作ったり、形状の悪い宅地を作ったり、間口が狭い袋地（敷地のごく一部しか道路に接していない利便性の悪い宅地）が増え、住宅地の品質を低下させてしまう一因にもなります。だからこそ世間の宅地開発業者は多少の不良区画も少し安くして販売し、少しでも採算性をあげる「採算至上主義」が業界の常識なのです。

一方弊社は、採算性や収益率よりも車の出し入れがしやすく利便性が良い区画、住宅団地としての資産価値の高い宅地分譲事業を目指しました。さすがに赤字収支では事業は出来ませんが、利益を少し削ってでも納得のいく良質な宅地を作りたいと考えたのです。

経営資源を集中させる

建売住宅分譲地の多くは通常、地域の地元戸建分譲会社・地元工務店が事業を行います。一団の土地を仕入れて、そこに10〜30区画の住宅団地の開発計画を行い、完成後1区画ずつ建物と共にセット販売するわけです。しかし、あくまでも主役は「建物」であり、各社住宅業界の中で激しい競合となる際に、「建売住宅（完成住宅）

＝現物を見て買える」は販売上、圧倒的優位に立つ事ができます。つまりハウスメーカー系、ローコスト系、それを迎え撃つ地元工務店やビルダーなど…。それに宅地開発を伴う建売住宅業者が入り、各社建物の機能やデザイン、設備仕様、価格面など何らかの特徴を打ち出し、販売合戦を展開します。地元においては、これまで完成物件を販売できる建売住宅系が優位とされていました。

下記のように、実際どれも建物の差別化や比較はしますが、土地（開発団地）そのものの計画の良否差別化に真剣に取り組む会社は殆ど存在しません。要するに、宅地開発はあくまでの上物（住宅）を売る為の単なる手段で、宅地開発（住宅団地）そのものに拘りを持ち、信念をもって事業をする会社が殆どないことが実情です。これも変な業界の常識です。

建物の差別化は各社工夫されますが、開発団地の企画においては、各社殆ど差別化が見られません。一般的に宅地開発

種別		特徴	販売上の強み	建物受注	土地分譲
注文住宅系	①ハウスメーカー系	総合展示場、自社企画建物、テレビ CM で全国展開	大手ブランドの安心感 企画力、サービス体制	○	なし
	②ローコスト系	単独展示場、テレビ CM 急成長	坪単価安さをアピール アイフル、タマホーム	○	なし
	③ビルダー工務店系	地元の木造住宅専門業者をチラシや見学会で集客	地域密着、独自工法 リフォーム	○	なし
建売住宅系	④建売分譲系プラン住宅	宅地造成し、建物＋土地販売（建売販売、プラン販売）	土地立地で売る 完成物件で即決	○	○
	⑤宅地分譲専業系	宅地分譲専業、建物自由	住宅各社から紹介が多い	なし	○

業者はその計画設計など、一式業務をそれぞれの専門の開発設計業者に外注します。

弊社が拘っているのは、下記②の企画設計の大半を自社で内製化している事です。

通常、開発設計業務の全てを開発設計業者に発注しますが、基本計画そのものは、自社内の開発担当が行い、企画内容の全容が決まった時点で本設計・申請業務のみを業者に依頼するのです。

従って、基本計画を自社で行う事によって、設計上に自社の意向を入れやすく、研究も早い。その辺りが商品の差別化にも繋がり、土地に特化している弊社ならではの拘りです。

要するに、業界の常識にとらわれず、住

①開発用地の仕入れ (不動産仲介業者)	不動産仲介業者に依頼して、売り情報を集めて、検討候補地を選びます。更に価格交渉から売買契約業務
②計画・設計・申請 (開発設計業者)	敷地全体の基本計画、本設計・開発申請業務や行政との交渉、協議、調整等から都市計画法第 27 条の開発許可一切の業務
③宅地土木造成工事 (建築土木工事業者)	都計法第 27 条開発行為に基づく、宅地造成工事一式の請負
④登記関係 (土地家屋調査士)	開発事業に絡む境界確定や隣接地権者との立会、所有権移転、分合筆、抵当権設定など全ての登記申請

宅建築（建物）を捨てて、土地だけで勝負する道を選んだわけです。と言ってしまえば聞こえはいいのですが…。当時の私に残された唯一の生き残る戦略だったのです。

住宅建物の領域に入った時点で、ローコスト系〜高級仕様までの大手住宅会社が当エリアでもひしめき合っています。更にそれを迎え撃つ地元工務店、ビルダー、建売分譲会社がしのぎを削ります。その激戦区にわざわざ飛び込み、消耗戦に加わる時間がありませんでした。

そこで、私が選んだ戦略が「すき間戦略」。全国展開する大手住宅会社は、基本的に土地開発が絡む宅地分譲事業は行いません。圧倒的なブランドを活かして、注文建築のみで販売を行います。従って、お客様からの建築受注する際に土地の売り情報が必要になるケースが多いのです。

一方、地元工務店、ビルダー等の注文建築系（宅地分譲なし）は、近年全国の地方都市においても、独自の建物の魅力（価格、機能性能、保証、企画力他）や明確に強みのない会社は淘汰が始まっています。また戸建て分譲業者（土地分譲あり）の各社は、土地本位の販売手法に走りがちで、建売住宅、建築条件販売共に競争力が低下しています。弊社の宅地分譲とは、実は多くの住宅会社との共存共栄でした。要するに建物受注を捨てた事で、多くの住宅会社との情報交換や協力体制が高まり、結果的に年間契約件数の約50％以上が住宅会社からの紹介から成り立っている事も、業界では大変異例なケースです。

更に、通常その業務の大半が専門業者の外注に頼る宅地開発業務のうち、計画業務のコア部分「基本計画」を自社内で内製化する事で、他社との差別化を図る事が出来ました。業界の常識を捨て、経営資源を集中させる事で、弊社の強みが生まれたのです。

結果を出す為には法則がある

さて、ここからが具体的な話になります。私の会社では当初、再起を誓って様々な努力をしました。まさしく仕事の虫になったの如く、一心不乱に仕事をしました。宅地分譲事業を始めて、数年経過し安定し始めた頃は、半ば何故売れているか、その要因が正直何かわかりませんでした。

そんな中、私の中で核心を掴むきっかけが、日本創造教育研究所が主催する「マネジメント養成6ヵ月研修」という研修への参加でした。研修では、組織論、経営哲学、人財育成などマネジメントに関する知識を講義で学び、更に自社の1ヵ月間の経営目標を設定し、その達成をするための計画を立て、実行管理する訓練を実践を通して学ぶ研修です。

この研修で学んだことをヒントに、コツを掴んでいきました。

ここからはその辺りの事を書きたいと思います。その答えこそが、「マネジメント」という言葉に辿り着きます。

機能体組織を作り上げるために必要なことは、一言でいうと「マネジメント」です。既に説明もいらない言葉ですが、ピーター・ドラッカーの「マネジメント」という有名な著書のお蔭で、「もしドラ…」という小説が生まれ、「マネジメント」という概念が更に一般的に広まりました。

マネジメントという言葉を広辞苑で調べると、「経営」や「管理」とされています。私の学んだ経営学では、特定の目的や目標を達成するために、「ヒト・モノ・カネ・情報」といった経営資源を効率的・効果的に配分することを指します。

では、それを行うのがマネージャー(管理者)です。マネージャーは、目標達成のために経営資源の使い道を決め(仕事のマネジメント)、人員を組織化し、指導監督を行います(人のマネジメント)。そして、節目ごとに成果を評価します。

しかし実際のマネジメントにあたっては、たった2つを管理（マネジメント）することに注力しています。

これらも日創研のマネジメント養成6ヵ月コースという職能系研修セミナーで教わった事をそのまま自社に応用しました。私の解釈は左記の通りです。

ビジネスの世界では、入金管理、顧客管理、在庫管理、行動管理、見込管理、建物管理、出勤管理、労務管理、設備管理、等々…と、日頃多くの企業が様々な管理をしていますが、結局の所、それら要素を全て集約するならば、この2つになると思うからです。

①仕事のマネジメント

②人のマネジメント

その一つが①「仕事のマネジメント」です。見込管理、行動管理、仕入管理、工程管理、入金管理、進捗管理など、これら仕事の進展状況を把握しながら軌道修正をしたり、改善や改良を加えていく事です。

そしてもう一つの要素は②「人のマネジメント」です。業務指導、人事評価、面談、動機づけ、フォローアップなどを管理する事です。人は心を持っており、自分の意志で、主体的に行動する存在です。人を動かし、能力を十分に発揮してもらうためのシステムを構築することが課題となります。これらをいかに「効果性」と「効率性」の視点で、しっかりと機能させる事が出来るか否か？ それがマネジメントの最大要素だと思うのです。

効果性とは、目的を達成するための手段、方向性が正しいかどうかです。そして、効率性はその手段を実施するために、最小のコストで行えているかということも忘れてはいけません。マネジメントの成否を分ける概念として、効果性と効率性の2

つは非常に重要と言えます。

そもそもマネジメントとは、何を管理するのか？

では、各部門長は一体何を管理しなければならないのか？

例えば営業部署では、各部門に課せられた部門目標や成果があると思います。ついl0年前まで、我社は左記のような状況が日常的に起こっていました。

1．個人の仕事が不明確

2．幹部（管理職）の役割が不明確

3．進捗管理の仕組みがない

まずは、「個人の仕事が不明確」について、説明します。

私が言うと変ですが、我社の社員は本当に真面目に良く働いてくれます。誰ひとりとして怠ける社員はおらず、みんな夜遅くまで仕事もしてくれていました。しかし、月末に各個人の成果を見てみると、契約が0件、見込もあまり進んでいない等の具体的な成果のない社員が多くいました。各人は本当に真面目に仕事に取り組んでいるのですが、直接的に成果の上がらない日常業務に埋没し、本当にすべきことが分かっていない状態だったのです。仕事は、前向きな仕事ばかりではありません。例えば事務作業、クレーム対応、社内全体の雑用…。しかし、1ヵ月間というスパンで、何にどの位時間を使い、1ヶ月の間にどんな成果を成し遂げる義務があるのか？これが各人理解していなかったと考え至りました。

次に「幹部（管理職）の役割が不明確」です。幹部や部門長は、部下の毎日の行動内容や毎月の成果結果に関しては把握しています。また営業部門であれば、契約状況や見込状況、製造部門であれば生産状況を把握していると思います。しかし多くの中小企業は、部下の成果結果ばかりに目を奪われ、「どんな行動をどの位の量行うと、どんな成果が生まれる。」というプロセスを理解しないまま、指示命令や管理をしているのです。1年間の全体の目標のうち、現状どこまで進んでいるのか？何が課題なのか？何を解決しなければならないのか？中でも一番の問題は1つの成果を上げるために、一体何をどの位させる必要があるのか？そうした具体事例を上司自身もはっきりと明確に理解せず、双方が「とにかく目の前の仕事を取り組んで終わらせる」という、ある種義務感に似たような気持ちで管理していたように思います。

部下に仕事をさせる際に、「何を、いつまでに、どの位させるべきか？」と言う事が明確に定まっておらず、行動内容はともかく担当者任せで、結果・成果だけを管理するという感じです。これでは本当の管理職とは言えず、単なる「出たとこ勝負」

の状態と言えるでしょう。

また、会社自体も「進捗管理の仕組み」がそもそもありませんでした。経営計画を作り、年間の売上や利益の目標は設けていましたが、それが社内で各社員の行動とは全くリンクしていませんでした。従って、以前は毎月、それなりに決算の予測を立て進捗管理していたつもりですが、現時点の売上や経費の途中時点を把握しながら、残りの期間を予測するという事が進捗管理だと思っていました。

実際に実務をこなす社員からすると、決算予測を見る機会もなく、一部の経営陣と経理責任者だけが、経営指数をペーパーで確認し合うだけで、実務との関連性や、期首の予測との乖離や計画の効果性を確認し、計画を修正する場もありませんでした。

従って各個人も、幹部・管理職も、日常的に仕事を一生懸命取り組んでいるものの、業績とどのように繋がっているのかが、判っている様で、判ってなかったのかもしれません。

恐らく、そんな現象はわが社だけではないと思います。多くの会社では事業年度が始まる前に業績予想や目標を作っています。しかし、それが有意味に機能しているかと聞かれれば、そうではありません。年度の途中になると意識が薄れ、今どのあたりを推移しているのか？　あるいは計画とのギャップは何か？　課題は何か？　そもそも定期的に達成度を検証する場がないこともあるのです。

すると、目標は単にトップが納得する売上等の数字を出しただけといったものになります。まさしく「絵に描いた餅」です。部下も心得たもので、期末の会議で、目標の未達成について小言を言われるのを、神妙な顔つきで、ただただやり過ごすという無意味な儀式が毎年行われることになります。

すべては経営計画から始まる

我社では、2007年頃から「毎年7月から翌年の経営計画書」というものを作成し、1年間取り組むべき方針や課題を明確にして、そこから必要な行動を計画化し、仕事を行っています。

では、そもそも経営計画とは何か？　経営計画は、船でいえば羅針盤のようなものです。船が羅針盤により目的地に到着するように、目指す経営目標を達成するための方針や行動計画を具体的にまとめたものと言えます。

そもそも経営者は思いつきや独善で企業の重要な行く末を決めてしまうことがよくあります。また、「営業強化」や「経費節減」などの定性的な事柄を方針と定めて終わってしまうケースも多いでしょう。それ自体が悪いとは言いませんが、「営業強化」だけを歌っても、社員の立場からすると、そもそも昨年とどう違うのか？　のリアリティーが薄いのです。従って「営業強化に繋がる行動とは？ 何をすべきかを決めなければならない訳です。世の中の多くの経営計画書にその「具体的な行動内容」を書いているケースはあまり見た事がありません。

クロス分析で戦略を決定

分析の際、まず自社ではコントロールできない外部環境の変化を挙げます。例えば経済社会の状況や政策、技術の発展、業界の趨勢、競合他社の状況等々に、ポジティブな状況である「機会」とネガティブな状況である「脅威」を洗い出していきます。

内部環境は、自社がもつ特質、自社がコントロールできる要素です。例えば、自社の技術力や資本力、ブランド力、人材、知的財産などの強み、あるいは弱みです。

これらを全て書き出し、その要素を組み合わせて、新たな事業戦略について方針を決めるためのクロス分析をしていきます。SWOT分析においては、組み合わせにより左記のような戦略が有効であるとされています。

「強み」と「機会」　積極戦略→「攻める」
「強み」と「脅威」　差別化戦略→「守る」
「弱み」と「機会」　改善戦略→「育てる」
「弱み」と「脅威」　専守防衛または撤退→「捨てる」

攻める
積極戦略 現在も成果があり、今後も成果が見込める事柄
守る
差別化戦略 将来性は低いが、今後も安定して成果が見込める事柄
育てる
改善戦略 将来性があるが、自社にはまだまだ課題があり、まだ成果に繋がっていない事柄
捨てる
専守防衛または撤退 今後将来性もなく、現状成果も余りない事柄

※今後の戦略を以上のように分類しています。

この様な定義に基づき、毎年自社の商品やサービス、営業手法やツールなどを見直す機会を作っている訳です。現在我社の主力商品である、「建築条件なし分譲宅地」が生まれる際も、「建売住宅を分譲しては？」という選択肢もありましたが、建物（木造住宅）の販売に絡む保守サービスや緊急トラブル対応等を鑑みて、「捨てる」に入れる事により、宅地分譲に特化して生産性を上げる戦略を選びました。「攻める」は勿論、今どんどんと売上を伸ばしている商品・サービスで、ここに人員や予算を投資していくという方針に繋がっていくわけです。

その分析の結果、翌年我社が目指すべき方向性や課題を明確にして、経営計画に極力反映しています。これまでも、その結果トップが示すのは売上や利益、主要な商品の販売数、シェア等、会社経営における業績としてもっともわかりやすいものが対象になるでしょう。しかし、これだけでは社員は具体的に何をしたら良いのかわかりません。そこで、各部門長の会議によって、部門ごとの具体的な目標を作成します。

　ここでも、目標とする結果を客観視するため、数値化、定量化します。この目標値はＫＰＩ（重要業績評価指標）と言われ、この指標と実績を定点計測することで、達成状況を把握できるようになります。

　そして、部門長に与えられた部門目標を達成するため、最終的には部署に所属する個人の年間目標、行動計画が作成されます。どんな社員にも成果に直結する優先順位の高い仕事があるものです。個人事業計画を作成する際は、まず、最も会社業績に直結する仕事を1つ、年間目標に据えます。そして、その目標を達成するための行動についても細かく目標値を決めていきます。

経営計画決定までのフローと時系列

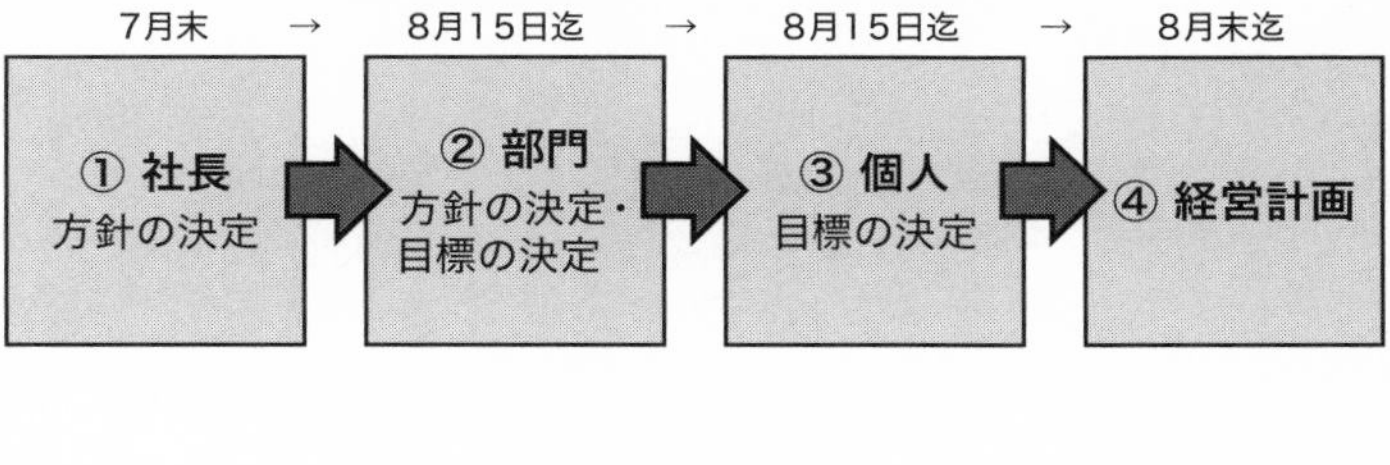

人が最もモチベーションを持ちにくい仕事は、「自分がなにをしているのかわからない、何の役に立っているのかわからない仕事」です。会社全体の目標が、個々の社員の目標と関連付けて意識できる状態になれば、すべての社員が会社の目標に向かって組織化することができるのです。

トップの市場解釈が方向性を決める

マネージャーは、一人ではなく複数おり、階層があります。まずマネジメントを行わなければならないのは、いうまでもなくトップです。社長が会社の方向性を決断し、社員に指し示すことを行わなくてはなりません。

続いて、その方向に進む中で、短期的な目標を設定します。会社であれば、これが今期の売上目標や利益目標となるはずです。弊社ではこの10年以上利益目標（経常利益）を経営上の目標にしています。これらを「経営目標」と呼んでいます。マネジメントの視点でトップがしなければならないのが、これら目標設定と同時に、組織化でしょう。トップの「鶴の一声」で目標を作る事は簡単ですが、それをやり遂げるための人員や役割を整備する事こそが一番の仕事であると思います。会社の全体の売上目標や利益目標を会社の社員全体で分け合うわけです。

弊社の場合、宅地販売の契約件数目標や仲介手数料売上目標を営業部全員で分け合っています。また同時に、用地等の仕入れの区画数や、マンション管理の工事売上を部門メンバーで分け合います。要するに各部門ごとに、1年間に達成すべき成果を具体的に決め、部門目標として1年間追いかけてもらうわけです。どんな部署であれ、経営目標に繋がる役割があるはずです。すなわち、何らかの責任を各部門が必ず受け持つ仕組みこそが一番大切。唯一よく聞かれるのが、経理・総務などの非生産性部門の社員の目標設定です。我社の場合は、改善提案件数を目標設定し、日常業務とは別に経営目標を補完する取り組みとして、件数管理されています。
例えば、ファイルやフォルダの新しい整理方法や、オフィス環境改善の提案は、顧客満足、コストダウン、生産性向上、社内の環境改善など、いずれかの目的に合致しているかどうかを改善提案審査会を経て協議し、実行しています。

【年間目標】

経営目標 ＞ 部門目標 ＞ 個人目標　を定量化します。

経営目標
外部分析、内部分析を踏まえ、各部門の方針や目標値を参考に社長が決定。

部門目標
部門メンバーの目標を纏め、方針と部門目標を決定。
部門長のリーダーシップと道義付も必要

個人目標
前年の実績を参考の上、成長を考慮して決定。

そのように各部門の目標が決まれば、あとはそれを各個人にどのように分配し、細分化するかです。毎年、各部門長と本人の面談で目標値を期首に決めていくのです。ここで一番重要な事が、決して会社は「ノータッチ」で、部門長に目標設定を権限移譲している点です。世の中で良くある例は、「いわゆるノルマ制」です。これは、半ば強制的に会社から与えられる宿題か義務みたいなものです。弊社は、社歴に浅い人、長い人、経験値や実力、個人の能力や実力を鑑み、毎年納得のいくまで部門長と本人が話し合い、最終は本人が自分で意思決定する方法をとっています。

経営計画をどのように行動に移すのか？

当社の経営計画書は、あくまでも私が日本創造教育研究所で教わった経営計画書のフォーマットに基づき作成したものです。内容はともかく、一般的に中小企業でも多くの企業が策定しております。

そしていよいよ、ここからが本題です。多くの企業が作る「経営計画書」は年間の経営のシナリオを描き示したものであって、その計画を月次単位でどう動かしていくか？は、多くの企業が不明確なまま1年間を過ごしていく事になります。もちろん、年の当初（期首）には、色んな想いで1年間の経営の計画を書面化しても、それを実務にどのように繋げていくか？はまた別の問題なんです。

勿論、ここで大切な事は、そもそも「年間の経営計画書」自体が方針ではなく、具体的な5W2Hの構造になっていないと月次化出来ない事も改めて認識頂きたい点です。

P（プラン：PLAN）～「単なる予定」を「具体的な計画」にする～

前述した内容を全て管理する事がマネジメントですが、私が思うに、重要な管理ポイントがあると思います。先程の個人の仕事とは何か？ 管理職の役割とは何か？と言う話に戻ります。

ここで、我社の営業部主任のT君を事例に説明してみましょう。

名前：（仮称）T君
所属：営業部　主任（新卒入社3年目）
年齢：25歳
在籍：3年
担当：自社開発の分譲地の販売スタッフ（5現場担当）

T君の今期(1年間)の年間目標は宅地分譲の契約20件の達成です。…という事は、20件を12カ月で割ると(20件÷12カ月)、毎月1・66件となります。すなわち毎月1~2件以上売らないと、年間20件の目標は達成しない計算になります。従ってT君は、毎月2件ペースで販売計画を立てる事にしました。その後、T君の個人のマネジメントが始まりました。毎月、2件の計画を獲得するために何をしなければならないか?T君は改めて自分が日頃している仕事を思い浮かべ、順に日常業務を棚卸ししていきました。

すると、①折込広告、②住宅業者廻り、③現地周辺のチラシ配り、④過去客のTEL営業、⑤現地営業看板の設置、⑥不動産情報サイト登録更新、⑦問合せ客の追客、⑧折込広告のチラシ校正、その他諸々…。考えると実に色んな事をしています。これだけをやっていれば良いのですが、実際の実務に入ると、これ以外にも電話が鳴れば応対業務もあるし、関連する事務作業や、社内の各種会議への参加、その為の書類作成、時にはクレームの処理、突発的な上司からの依頼事項、その他諸々など、実に様々な日常業務が待ち受けます。これら日常業務に埋没し、先程の①〜⑧等の成果を出すのに必要な行動の確実性や実効性が低下する事で、結果の出ない日々を送る事に繋がるわけです。

日常業務がどんなに忙しくたって、もし、右記①〜⑧の行動を社員全員がしなかったとしたら、その月の営業成果はどうでしょうか？　恐らくほとんど成果の無い1ヶ月を過ごすことになり、経営者として末恐ろしい現実が待っているでしょう。従って、どんなに忙しくても、①〜⑧の行動の中から優先順位を付けて、今月実行しなければならない行動を選び、計画化する事が何より大切だと思います。

では、どのように計画化したらいいのでしょうか？　そのヒントになるのが、５Ｗ２Ｈです。

5W 2H

①いつ――When
②どこで――Where
③誰が――Who
④何を――What
⑤どうする――How
⑥どの位――How Much
⑦なぜ？――Why

例えば「チラシ配り」という仕事を、この5W2Hに当てはめると、左記のようになります。

	凡　例	具体的行動例
場面	① いつ When （期間、期限は？） ② どこで Where （実施場所は？） ③ 誰が Who （担当者は？）	① H29.5/1 ～ 5/31 ②分譲地周辺 半径 500m 圏内 ③柴田、福居、高橋
出来事	④ 何を What （行動種類は？） ⑤ どうする How （行動内容は？） ⑥ 幾ら How Much （どの位の量するの？）	④販売前の予告販売チラシ ⑤周辺アパート世帯へ チラシ配布 ⑥ 3000 枚
目的	⑦ なぜ？ Why （そもそも何の目的で？）	⑦正式販売前の 見込 20 組確保の為

…なーんだ、「チラシ配り」くらいうちでもやってるし、何も珍しい事も何ともない！

読者の方々の中にも、そう感じる方も多いと思います。問題は、個人のマネジメントの中で、何を管理（マネジメント）するか？という視点で言うと、前述した行動の中に重要な管理点がいくつもある事です。そしてその中でも大切な事は、行動を起こす前に、予め計画段階（月初の時点）で、５Ｗ２Ｈの行動内容を埋める、すなわち明確化する事なのです。

多くの中小企業では、場合たり的な仕事の進め方をする会社が大半で、社員の個人単位で、行動計画を月単位で、「計画」と「実績」を比較しながら管理している会社は見た事がありません。行動を「計画」と「実績」の2つの視点で管理する事こそ、一番重要なマネジメントだと思うのです。

■ ここで、私はT君に質問します

「T君の目標2件の契約をより確かにするために、①～⑤の中の何と何をどの位実行しますか？　達成するために必要な項目と分量を書いて下さい」。

T君が悩みに悩んで、出て来た月次計画書が下記の通りです。先程書いた事をもう一度書きます。マネジメントの第1歩は、「計画」と「実績」の再検証です。T君は考えた末、2件の目標を達成するために下記の計画を設定したのです。

<table>
<tr><th rowspan="2">具体的行動</th><th colspan="3">数量</th><th colspan="2">目標</th></tr>
<tr><th>(A)計画</th><th>(B)実績</th><th>実行率</th><td>内容</td><td>宅地契約</td></tr>
<tr><td rowspan="3">①現地周辺のチラシ宅配
②不動産サイトへ物件登録
③過去客へのメール配信
④住宅メーカーへ訪問営業
⑤住宅メーカー担当者へ案内FAX</td><td rowspan="3">3000枚
10区画
80通
40件
200件</td><td rowspan="3"></td><td rowspan="3"></td><td>計画</td><td>2件</td></tr>
<tr><td>実績</td><td></td></tr>
</table>

ポイントは義務的に考えるのではなく、今月の目標である２件の計画を月内に達成する為に、必要な行動を洗い出した結果、これだけの仕事をする必要があるという点です。

（注意※内容に関しては、法人営業が半分の占める弊社ならではの特徴があると思いますので、各社に応じた活動内容を選ぶ必要があります）。

弊社の場合は、1ヶ月（約30日間）を２つの区間に分けて、前半をA区間、後半をB区間としています。月初に定めた①～⑤の行動計画をA区間、B区間に分けて管理するわけです。ここで最も重要な点は、各行動には「どの位（How mach）やるのか？」という量的な設定をしなければならない点です。ここでは定量化と言います。

晴れて、T君の今月の営業活動が始まります。実は、ここからようやく管理ができる体制が整ったと言えます。以前の我社は、そうした定量化が不明確なまま、社員に仕事をさせていました。当然、当の本人もチラシ宅配、サイト登録、メール送信、訪問営業、ＦＡＸなど、スケジュール手帳やパソコンのＴoＤoリストでは管理されていると思います。ここで肝心な事は、どの行動計画をどの分量にするのかという事。それが不明確なまま時間が経てば、結果的に多くの行動が不十分に終わり、成果が出ない状況に陥ってしまいます。こうした実状は、多くの企業で起こり得る現象なのです。参考までに、弊社が実際に使用している月次業務計画書を次項に記載しておきます。

弊社が実際に使用している月次業務計画書

第　期		月度	月次業務計画	部門		氏名	

経営理念	経営の3信条 成長、創造、貢献	1. 我々は、仕事から多くを学び、魅力ある人と組織となるよう成長します。 2. 我々は、不動産事業を通して、魅力溢れるまちを創造します。 3. 我々は、経営の安定化を図り、愛するわがまちに貢献します。

社長 年度方針	管理力を磨き、仕事の"質"を高める。 経営目標　: 経常利益2億7000万円の達成	年間 目標 (個人)	
部門 年度方針			
今月の目標			

達成プラン(具体的行動計画) 3W1H

	What(何を) 目的は?	Who(誰) 責任者は?	Who(誰) 対象者は?	When(いつまで) 日時・時間は?	How (どうする) 具体的方針は?	チェックスケジュールと実行基準			
目標内容					①	A区間		B区間	
					②				
					③	今月末日		来月15日	
					④				

A区間【今月/末日】			B区間【来月/15日】				
状況		実行度	状況		実行度	目標に対する実績報告	
						目標	1
修正		%			%	実績	1
						達成度	100.0%

良かった点		次月の強化点	
その要因			

反省点		次月の改善点	
その要因			

一体何を管理するのか？

具体的に計画をさせる本当の狙いは、それぞれの仕事の分析をし易くするためです。営業活動に限らず、仕事は何でもやればいいわけではありません。限られた経営資源で、多くの成果を上げ、利益を上げていかなければならないのです。

これが前述した、「機能体組織」の特徴です。「共同体組織」は結果や成果が出なくても直接存亡の危機には繋がりませんが、機能体組織の企業経営は倒産の危機を迎えてしまいます。私も過去の経験でそう痛感しました。

だからこそ、仕事というものを「効果的・効率的」な視点で常に分析しながら、周囲の環境や状況に応じて、修正していかなければならないのです。

「効果的」な視点、「効率的」な視点で物事を見るために、先程のチラシ宅配の業務を1つ取っても、効果測定を正しくしなければなりません。T君の見立てによれば、分譲地の①「周辺にチラシ」を配るには、３０００枚くらいは配布しないと効果は出ないだろうという判断をしたからこそ、３０００枚の設定をしたわけです。同じ事が、②「不動産サイトへの登録」業務も同じです。ならば、それぞれの行動で反響（問合せ）効果を生むために必要な数値を設定してあげればいいのです。ここまでやって、初めて個人の仕事の効果性を測定出来る事になるわけです。

D（実行：DO）～決められた事を決められた通り実行する力～

いよいよT君の計画がスタートを切りました。

15日間、T君なりに実行しました。結果は次頁の通りです

T君は兎に角、一生懸命に計画を実行しようと努力しました。

これを2つの視点で、冷静に分析したいと思います。それは「効果性の検証」と「効

率性の検証」です。

(A)具体的行動	(B)数量 (計画)	(B)数量 (実績)	実行率
①現地周辺のチラシ宅配	３０００枚	３０００枚	１００％
②不動産サイトへ物件登録	10区画	12区画	１２０％
③過去客へのメール配信	80通	75通	93％
④住宅メーカーへ訪問営業	40件	25件	25％
⑤住宅メーカー担当者へ案内ＦＡＸ	２００件	２００件	１００％

(C)目標 内容	計画	実績
宅地契約	２件	３件

■C(効果検証:Check)「効果性」と「効率性」の視点で評価する
～どのミサイルが、どの位効き目があったのか?～

弊社T君は、行動①②③④⑤の計画を実行しました。実際に3件の契約実績に最も効果を発揮した行動は、果たしてどの行動なのか? これを見極める必要があります。これが「効果性の検証」です。仕事のできる社員は、①チラシ宅配、②サイト登録、③メール配信、④訪問、⑤FAXと、これらの中でその行動が最も効果があったのか? その肝が概ね判るはずです。まずは①②③④…と、それぞれの行動を1つずつ分析してみると、それぞれに実行してみて実際にどんな効果があったのか? 全ての行動(ミサイル)が均一に効果(効き目)があるはずがなく、最も効果があったものもあれば、殆ど(或いは全く)効果の出ない行動も必ずあるはずです。もし効果がなかったとしたら、何が原因でしょうか? また本気で効果を出す為には何が不足していたのでしょうか？　また、効果を出す為には、数量をどの位増やすべきでしょうか？…このように、効果性の検証が必要なのです。

従って、①②③④…の内、いかに効き目のある行動（ミサイル）を使うかが最大の工夫のポイントです。

例えば、①「チラシ宅配」だとすると、チラシの中の金額の文字が大きかったのが良かったのか？または魅力的な区画図面や現地周辺の写真イメージが良かったのか？或いはチラシの文章や表記がお客様の心に響いたのでしょうか？また、問合せを頂いたお客様は何処のエリアからどんな理由でお問合せ頂いたのか？これらの要因をしっかりと掴みとる必要があるわけです。

①②③④…等それぞれの方法の効果分析も大切ですが、それぞれの内容を検証する事も大切です。

インパクトがあったか？写真や表記のイメージは？　文章表現は魅力的だったか？

どんな提案が出来たか？
実行度が低かった原因は何か？ 件数は十分か？
見てくれているか？

T君の1ヶ月の業務を実行した行動結果（自己評価）は下記の通りです。

計画行動：単位 （実績 / 計画：実行度%）	判定	効果性・効率性の評価（具体的成果）
①チラシ宅配 (3000/3000 部：100%)	◎ ▲	・デザインのインパクト、文字や表記（配布エリアより 3 件問合せ） ・物件校区内 40% を配布されていない。校区全域 2000 世帯に入れるべきだった。
②サイト登録 (12/10 件：120%)	× ○	・現地写真の写りが悪く、画像点数も少ないのでインパクトが薄い。 ・事前準備の結果、作業が敏速に進み 2 日後に掲載完了（106%完了）
③過去客メール (75/80 件：93%)	◎ ×	・過去のお客様の優先告知、その戦略が良かった。（1 件申込） ・B ランク客への告知が出来なかった。機会損失
④メーカー訪問 (25/40 件：63%)	× × ▲	・ 80 通配信できなかった。事前準備不足（着手日が 2 日前） ・訪問計画が甘く、担当不在で空振りが多く 15 件未達に終わった。 ・持参の周辺資料の画像・地図が不足して、周辺環境が判り難かった。
⑤メーカー担当メール (200/200 件：100%)	◎ ◎	・メール文書インパクト大。画像添付、周辺資料添付が好評（見込 3 件） ・住宅展示場に出向き、商談同席が印象 GOOD!（申込 2 件）

◎効果大いにあり、○効果みられる、△あまり効果なし、× 全く効果なし

■A（修正改善：Action）
～効果検証に基づき、次の手戦略を立てる～

そして次項の表が、T君が自身の行動を「効果性・効率性」に基いて評価した内容です。では、どのように修正・改善するか？をご説明します。

上記①「チラシ宅配」では、チラシのデザインやレイアウト等紙面の内容自体は周辺施設の説明やマップ等、インパクトもあり良かったようですが、配布エリアや部数に問題がありました。（A町1丁目～5丁目：約2000世帯にも配布するべきであった）。

従って、良かった要素を、「A良かった点」と「Bその要因」とに分類して左記のように纏めてみました。

良かった行動要素

行動区分	良かった点	良かった点の要因
①チラシ	・文字、周辺ＭＡＰ　が良い	・現地ロケハンが周辺ＭＡＰのデザインを一新した
②サイト	・未公開情報に魅力　を感じた	・競合物件する物件無く、新規分譲地がないエリア
③過去メール	・画像、周辺資料が　良かった	・他県のA社を参考、良い事例を取り入れた
④住Ｍ訪問	・展示場で商談に同　席した	・現地を動画で説明、現地案内→申込に繋がった
⑤住Ｍメール		

＊住Ｍ＝住宅メーカーの略

次月への強化点

右記「良かった行動の要素」から、次月強化できる内容を考えます。

①周辺マップを専門業者へ外注、買い物施設やカフェレストラン情報も盛り込む

②（なし）

③過去のお客様の優先告知に特別感を演出、過去の希望内容を盛り込んだメールを発信し、個別の来社アポを取る。

④（なし）

⑤メーカー担当へのメールには毎回（①工事進捗（写真）、②周辺施設、③学校情報、④カフェ情報など）４項目の最新情報を発信する。また、毎週土日は展示場に出向き、出張型で土地紹介や商談に同席するアポを入れる。

悪かった行動要素

行動区分	反省点	反省点の要因
①チラシ	・校区内で未配布地域が100件あった	・学校区の地図で全体20件を確認する事を怠った
②サイト	・周辺画像枚数不足（10枚は必要）	・写真を新人が取った（教育徹底不足）
③過去メール	・Bランク客への告知が出来なかった。	・ランク別の行動計画をしていなかった
④住Ｍ訪問	・80通は配信出来なかった。	・持参資料作成に手間取り、着手が2日前になった
⑤住Ｍメール	・不在が多く15件未達	・訪問計画を立てず、無計画に行動した為

＊住Ｍ＝住宅メーカーの略

次月への改善点

右記「悪かった行動の要素」から、次月改善できる内容を考えます。

① 学校区毎に配布エリアを地図で確認の上、チラシ配布部数を確定する。

②新人向け、現地撮影マニュアル作成し、２名の新人に勉強会を開催。
③ランク別に活動計画（訴求ポイント）を立案する。
④訪問１週間前に資料作成に取り掛かり、部門ＭＴＧで配布資料を完成させる。
他社の資料を分析し、持参資料の情報量を増やし、周辺地図や施設の撮影を行う。

弊社の業務報告はその様に徹底して、次月に向けて、改善・強化を行います。これを毎月2回繰り返すわけです。

次月、また同様の戦略を立てる際に、今月の仕事内容を冷静に評価します。この分析を、15日毎に振り返り、それに基づいて、報告書を作成します。報告書が完成した頃に、部門内で報告会議を行います。弊社ではこれを「ＰＤＣＡ会議」と呼んでいます。

KPIとノルマの差は？

ここでこう思った方がいるでしょう。「FAXや訪問を行ったからといって、目標が達成できるとは限らない」。その通りです。私も営業経験者ですが、これらのことを行ったからといって、確実に契約がとれるほど現実は甘くありません。

個人の事業計画で起こりがちなことは、目標自体が無理であったり、無意味であったりすること。無理な目標は社員に無力感、目標に対するあきらめ、無関心を呼び、逆効果です。

また、目標とされた限られた数値を挙げること自体が目的化してしまい、業績につながらないどころか業務全体にひずみが生じることがあります。たとえば、1件の電話対応時間を短くするKPIを設定したとします。それを達成すべく、電話口の担当者が早口で、相手の話をよく聞かずに話を進め、とにかく早く切ってしまおうとするような行動をとり、クレームが殺到したりする場合です。

また最悪の場合、数値を高くするために不正が発生することすらあります。盛んに報道されている会計不正事件でも、そのきっかけは「ノルマ達成」であることが多いことはご存知だと思います。

KPIはノルマではありません。大切なことは、KPIを達成すること自体ではなく、往々にして無意味なものが設定されるKPIの効果性・効率性を高めていくことです。KPIを達成しているにもかかわらず業績につながっていないということは、目標自体に何らかの問題があり、その責任は部門長にあります。目標が未達成だったという場合、簡単に個人の責任に帰すことはしないことも重要なことです。KPIは、単なる義務ではなく、業務改善のために不断に見直されるものであることを社員にも浸透させるべきです。

常にPDCAサイクルを回す

皆様の会社では、期首や月はじめに作成した目標を、期間中どれだけ見返しているでしょうか。目標からの差異を把握する機会がない、仮に気づいていても何も手を打たない、良い結果が生じても悪い結果が生じても、翌月の業務内容に何も影響しないといったことはないでしょうか。

目標に関する進捗状況は、定期的に確認し、目標自体の効果性・効率性の検証を行ったうえで、強化改善策を打っていくことが大切です。そのための考え方として「PDCAサイクル」があります。既にご存知の方が多いと思いますので、簡単に説明します。

PDCAサイクルは、事業活動を円滑に進めるための方法で、

Plan（計画）：従来の実績や将来予測などを元に、計画を立案
Do（実行）：計画に沿って業務を行う（内容・質・量も注視）
Check（評価・検証）：業務の実施が計画に沿っているかどうかを確認する
Action（改善・修正）：実施が計画に沿っていない部分を調べて軌道修正、業務改善を行う

事業活動を整理し、このＰＤＣＡを繰り返すことによって、業務を効果的かつ効率的に改善していきます。

役割を明確化するＰＤＣＡ会議

当社では、毎月1日と中旬の2回「ＰＤＣＡ会議」を行うこととしました。そこで行うことを説明するために、再び営業担当のＴ君に登場してもらいます。さきほどの事業計画に基づき、検討を行った結果、行動の目標についてはほぼ実施できていますが、事務作業の遅れにより、見込み客1件の訪問ができなかったようです。そして、全体の目標、契約3件に対して、実績は2件、達成度は66％となりました。

そして、達成状況が良かった部分については強化点、反省要因は改善点として策を話し合います。

ここでは、とくに失敗こそ情報の宝庫です。それぞれの行動予定のうち、実行できなかったり成果につながらなかったりした部分について、効率性・効果性の観点から、部門メンバーとともに改善点を探っていきます。

弊社では、「なぜできなかったのか」「なぜ成果につながらなかったと考えられるのか」ということを話し合い、迅速に事務処理ができる方法や、ＦＡＸのデザインなどの改善を行うこととしました。その結果は来月にまた検証されることとなるでしょう。

個人別に事業計画を立てることができれば、会社内で、常に社員の数だけＰＤＣＡが回っている状態になります。これが会社全体にもたらす効果は計り知れません。

要因から真因を見つけ出せ！

ＰＤＣＡ会議のねらいは、「要因から真因をみつけること」です。目標の未達成、また失敗や問題があった場合、表面的な要因の後ろに、根本的な改善につながる真因が隠れていることが多いのです。どんな仕事も、徐々に慣れてくると人間はパターン化したがります。営業の仕事も同じだと思います。毎月毎月同じ仕事を繰り返す事で、コツや勘どころを掴んでいく一方、何らかの形で法則化してしまう事があります。全く効果性の薄れたチラシ配布を続けてみたり、全く集客の取れないキャンペーンを例年通り行ってしまうなど、世の中でも良くある話です。要するにそこには、原因分析の視点などなく、「やる事」自体が目的化してしまっているパターンです。

目に見える現象面から、目に見えない要因を見つけ出す事が何より大切であると思います。

これは、当社で管理受諾している賃貸マンションで実際に会った話です。

①あるマンションで階下漏水(雨漏り)が発生しました。担当者が現地確認した結果、屋上の防水処理に数ミリの隙間が見つかりました。通常なら、担当レベルで修繕して即解決するレベルですが、更に原因を追究しました。

②すると、屋上の防水被膜の継ぎ目のコーキング処理が数ヵ所劣化して、縮んで劣化している箇所が見つかったのです。「あれ? なんで?」

③もっと突き詰めて調査していくと、実は、このマンションは巡回点検の担当者が変わり、屋上点検が2年間行われていなかったということが判明しました。

④そしてさらに調べていくと、担当者が参照する巡回マニュアルに屋上点検の記載がなく、以前は担当者の任意で屋上箇所の点検をしてくれていたことがわかりました。(勿論、この後直ちにマニュアルを図解入りで巡回箇所を追記した事はいう間でもありません)

皆さん如何でしょうか？　もし、私が①の時点で、問題の要因分析にあまり興味が無かったとしたら、と考えると、恐らくまた別のマンションで同じような漏水事故が発生する事になると思います。要因の時点で現場を知らない管理職が、担当者を叱責して終わりでしょう。それでは、後の改善に続くものがありません。叱責するだけでは、社員が委縮し、せっかくの改善のチャンスがつぶされてしまいます。真因を突き止めるために、複数の仮説を立て、検証する習慣をつけておけば、新たなＰＤＣＡを回していくことができ、社員もモチベーション高く改善に取り組むことができるのです。

生産性を上げると、業績は上がる？

当社は、同業他社に比べ、経常利益率が高いという特徴があります。経常利益は、売上総利益（粗利）から、販管費などのコスト、利払い等を引いた会社の実質的な儲けを示す指標です。そして、経常利益率とは、売上に対する経常利益の割合。売上が最終的にどの程度利益につながっているのかを調べる指標です。

粗利は、「売上－仕入」という単純な引き算で計算されます。これを上げるには、たくさん売って、利益総額を高めるか、商品の原価を下げ、付加価値を高めて粗利率を上げるか、原価は市況等による影響が強く、同業他社よりも大きく下げることには限界があります。

もう1つ、重要なコストである固定費と言うものがあります。これは事務所の家賃、光熱費、保険代、人件費など売上に関わらず掛かってくるコストです。とりわけ中小企業では議論されないのが人件費です。多くの中小企業は、固定費の大半をこの人件費が占めている状況で、この人件費を有効に活用するためには、やはり1人あたりの売上／利益をいかに高めて、生産性を上げていくしかありません。だからこそ、一人ひとりの社員が、具体的な定量目標をもって仕事に当たってくれるかどうかが肝心です。もっと言えば、その目標の達成のための行動が予め見える化されているか否かが、弊社では重要ですので、前述したような月次計画書が生まれた訳です。

実はこれらの手法や概念は私自身が独自で始めたものではなく、日本創造教育研究所が主催するビジネス研修「マネジメント養成6ヵ月コース」を受講して、そこで学んだ手法や概念を自社流にカスタマイズして、導入した事から始まっています。

タイムマネジメントで経常利益向上

固定費である人件費のコントロールをするために必要な観点は、タイムマネジメントです。会社で行う仕事の内容と量を、時間ごとに分析し、数値化、適切な人員を配置し、ひとりひとりの役割をしっかりと与えることが重要です。

飲食店を例にとると、ランチなどのピークタイムと、アイドルタイムでは必要な人員は異なります。よく見られるのが、ピークタイムは店員があわただしく動き回っており、人手が足りずにサービスが低下、お客様から不満が出るほどなのに、アイドルタイムには同じ人数の店員がぼーっとしていて、完全に気を抜いているという光景です。これは、気を抜いている店員の問題ではなく、もっぱら人員配置が適切に行われていないことが原因です。また、タイムマネジメントがなされていない会社では、業績に直結する重要な仕事が多く発生する時間に、いつでもできるような事務作業や会議を行うタイムスケジュールになっており、現場から不満の声が上がっているといったこともあります。

マネージャーが現場の声を取り入れながら、仕事の内容を分析し、どの時間にどのくらいの人員を配置するのか、また社員がどの時間に何をするのが最適であるのかを判断し、さらにPDCAを回しながら改善を繰り返すことで、少数で結果が出せる筋肉質の組織になります。

結果にコミットする

「結果にコミットする…」というと、印象的なテレビCMで急成長しているライザップを運営している㈱健康コーポレーションという会社があります。何故あの会社が急成長したのか？　それは「実際に多くの結果（成果）が出せている会社」だからだと思います。世の中にはごまんとダイエット商品や痩身を唄うジムがありますが、その他との決定的違いは、その確実性の違いだと思います。

通常、スポーツジムに通うのに、月額6～8千円程の会費が必要だと言われます。一方、ライザップの会費を見ると、2カ月間で約35万円（16回コース：入会金5万円＋コース料金29・8万円）だそうです。圧倒的な価格差があるにもかかわらず、２０１２年から事業がスタートして、２０１５年には売上１００億円突破、２０１９年には６００億円となり、Ｍ&Ａを重ね多角化を目指したグループ連結で売上２５００億円（営業利益２３０億円）の成長を遂げています。この驚異的な成長の要因の一つに「結果のコミットする…」という結果に対する確実性があります。

普通のスポーツジムにダラダラと5年間通って40万円（月額８千円×12カ月×５年間）支払うより、僅か2カ月間で35万円支払って、短期間で結果を手に入れようとするニーズが高いという世間の評価だと思います。だからこそ、そのダイエットの手法やメソッドが重要であり、その品質をしっかりと管理し、効果性を持続しなければならない筈です。恐らく、この効果性を持続しながら、店舗数を増やし僅か８年間で６００億円の独自市場を作り上げた裏には、現場トレーナーさんが何をお客様に行うかを計画し、実行度合も管理する必要があるのです。

人間は強いか？ 弱いか？

「人間は強いか？ 弱いか？」

もし、こう唐突に質問されると、あなたならどう答えますか？

この問いに、特に正解がある訳ではありません。しかし私なりの解釈では、「やはり人間は弱い生き物である」と考えています。かのアメリカの第16代大統領のリンカーンも、慢性的なうつ病だったと聞いた事があります。また、インド建国の父ガンジーも、人前に出るのが苦手で、臆病な性格だったそうです。元プロ野球選手の清原和博氏が、２０１６年に覚せい剤使用で逮捕された事はまだ記憶に新しい事実です。一時は男が惚れる程の男らしい名プレーヤーも、やはり人間の弱い面があのような逮捕に至った要因のひとつではないでしょうか？ 私自身も、弱い人間のひとりだと自覚しております。人間は、良い環境下にある時は、素晴らしい力を発揮できたとしても、その環境が変化し、辛い境遇になると、弱さを露呈するのかもしれません。どんな環境下でもメンタルを維持するのは、大変な事なのだと思います。

この本の大半が、我社のマネジメントの仕組みに関して、詳しく解説して参りました。

会社経営はひとりでは出来ません。いかに限られた経営資源（人・モノ・サービス・環境・経験…）を有効活用し、成果を生み出さなくてはならない事を、過去の経験で身に染みて実感しました。

いくら会社が、素晴らしい商品を開発しても、幾ら膨大な資金で広告宣伝を行っても、ある一定のヒューマンスキルを社員に委ねなくてはなりません。同じようにどんなにすばらしい仕組みを構築しても、結局それを動かす人は、生身の人間だという事です。そもそも「人間は弱い生き物である」という理解が、この仕組みを動かす上で、必要な概念であると思うのです。

社員の育成に当たってはこの「人間は本来弱い生き物である」という概念を理解する必要があると私は考えております。とりわけ、特に結果に求められる重要な仕事に関しては、持続力や粘り強さ、時間管理能力などが求められるので、適度な緊張感を持続できる環境整備が何よりも大切であると思います。

会社経営において、社員と共に成果をいかに出すか、いかに社員の能力を発揮させる事が出来るか？　これも永遠のテーマです。その成果を出すに当たって、多くの経営者が社員に期待する事が、左記の2つの点だと思います。

①自ら行動する。②成果（結果）をつくる。

①自ら行動するとは、すなわち弱い人間でも出来る自己管理の仕組みのことであり、高いスキルが無くても成果が出る仕組みづくりです。

例えば、

権限移譲をする（値付けも社員が決める）。
提案制度で職場環境の改善（経営）に参画できる。
行動の結果の因果関係を分析できる仕組みがある。
人事評価の内容が見える化されている。
人生ビジョンをこの会社で実現する環境づくり。

そして、②成果（結果）をつくるとは、高いスキルが無くても成果の出せる仕組みのことです。

要するに、人間の弱さを理解することで、弱い人間でも自ら行動できる環境を整えたり、高いスキルが無くても成果の出る仕組みを用意する事が、結果的に持続可能な経営に繋がると思うのです。やはり自立型人間をいかに育成する事ができるかが、企業に求められているのです。

コーチングで仕事の質を高める

人員を配置し、仕事の配分をした後に必要となるのが、一人ひとりの社員が行う業務の内容の質を高め、精度を上げていくことです。これにより売上や付加価値アップ、一人当たりの粗利アップにつなげていきます。

再び飲食店に例えましょう。居酒屋で、ビールのジョッキが空いたタイミングで「おかわりいかがですか？」と店員がすぐに来ると、思わず頼んでしまうことがあります。やみくもに商品を勧めるのではなく、顧客の需要に対応する姿勢を身に付け、機転を利かせて仕事ができるかを身に付ける必要があります。

自分に与えられた仕事をどう行えばさらに効果が上がるのか、といった発想は、社員個人だけで考えさせるのは心もとないでしょう。ここで必要となるのがコーチングです。コーチングは、何をすべきか、なぜすべきかといったことを、上からの押し付けではなく、対話によって理解し、納得したうえで実行し、目標達成を目指す手法です。

昔も今も、上司の指示というものは、思い込み、過去の成功体験から、エビデンスのない方法論を押し付けているケースが多いものです。社員もそのような企業風土があると、モチベーションを失いますし、余計な行動をして叱られるのを避けるため、いわゆる「指示待ち」になってしまいます。これでは仕事に創意工夫が生まれません。どうすれば生産性高く働けるのか、上司と話し合い、ここでもPDCAサイクルを回すコミュニケーションが必須です。

人事評価はまず自己評価から

コーチングによる社員教育を有効に行うための条件があります。それは、社員教育と人事評価の仕組みにできるかぎり直結することです。目標の達成のための取り組みが、出世や給与などに反映される仕組みがなければ、モチベーションは保つことは現実的に困難です。

当社で採用したのが、半期ごとに作成する全社員の人事評価シートです。次項に掲載しているのが実際に当社で使用するシートで、ここでは個人別に設定したタスクの成果・実績を細かく評価するほか、当社の経営理念である「成長」「創造」「貢献」に基づいて、独自の評価項目を設定しています。

人事評価シート

自己評価シート

評価期間：H30年2月16日からH30年8月15日まで

評価される人	所属	職務	役職	グレード	評価する人

（記入にあたっての留意事項）
1. 成果行動を加点主義で評価してください。(成果がでている良いところを見てください。)
2. 自分の見方、感性を素直に出して、客観的事実に基づき、主観的に判断してください。
3. 記述した内容に基づき、口頭で面接、キチンと説明してください。(何故そう思うのか説明責任をはたす。)
4. ここで、議論を厭わず、上司と、部下の価値観をぶつけ合って下さい。議論することで共通の価値観が生まれます。
5. 特にマイナスをつける場合は明確な根拠を示してください。
6. 判断材料となる資料があれば添付して下さい。(目標管理表、営業データ、日報等)

1. タスク結果評価（＊上記評価期間内の個人目標の実績を記入）

毎年の個人目標　個人の年間目標の達成に一番貢献する核となる行動内容　報告時のみ記入

	行動内容	獲得粗利	目標値	実績値	達成率
個人目標	①		1	1	100%
	②		1	1	100%

2. 成長行動評価（＊自身の成長のための下記の行動回数の参加実績を記入）

＊PSV終了者はアシスタント参加、推奨書籍要約文5枚
部門長以上は、アシスタント参加1回

自己成長にどれだけ取り組んだかどうかの指標です。①〜③は全社員対象です。④⑤は外部研修に参加（或いはアシスタント参加）したかどうか？⑤会社推奨の文献レポート提出、⑥は資格取得（難易度A＝80P、B＝50P、C＝30P）資格勉強、その他自己成長への有料研修参加は一律5P。

①気づき発表【5回に付き(1)】	5	②ありがとう発表【5回に付き(1)】	5	③社内勉強会【全部出席(10)】	10	④例会参加【全部出席(10)】	10
④研修、AS参加 又は読書課題(10)【SA〜PSV(30)】【職能(60)】【TT(80)】	名称 SA、SC	⑤PDCA報告【12回毎に(30)】	30	⑥成長努力【資格・免許など】（資格名　）（その他　）	①資格取得(30･50･80) 30	①-⑥ 合計	
	20				②資格勉強(5) 0	110	
					③その他(5) 0		

3. 創造行動評価（＊改善提案の行動を提案件数で記入、目標設定の無い方は空欄で結構です）

自部門内の改善提案にどれだけ取り組んだか否か？改善提案の提出件数で評価します。（一般1件、係長以上2件、課・次長3件、部長以上4件以上）

改善提案	目標	1件	実績	1件	100%

4. 貢献行動評価（当期貢献した行動と成果を3ステップで記入して下さい）

①なにに気づき(なにを計画し)
②どんな行動をとって
③どんな結果を残したか(成るだけ数値成果を記載)

当期、仕事で貢献した仕事（業績に影響を与える成果、又は素晴らしい改善、その他社内やお客様に対して、素晴らしい活躍した出来事など）

行動1	① ② ③
行動2	① ② ③

＊上司から見た貢献行動

行動1	① ② ③
行動2	① ② ③

5. 総合評価

良かった点（箇条書き）	① ② ③	反省点	① ② ③
その要因	① ② ③	その要因	① ② ③

総合評価　+3　+2　+1　±0　−1　−2
すばらしい　+3　大きな成果に結びつく行動があり、充分な結果が残せた。
よくやった　+2　充分な成果に結びつく行動があり、ある程度結果が残せた。
がんばってる　+1　成果に結びつく行動を期待通りしているが、目立った成果は残せなかった。
普通　±0　成果に結びつく行動が期待より少なかった。
マイナス　−1　他の人に迷惑を掛け、会社に損害を与えた。

本人評価	上司評価	総合評価

6. 将来の役職について

※下記のいずれかに○を入れて下さい。

成長意欲	Q.今後、幹部候補生に立候補しますか？（今回の人事考課には直接関係はありません）	希望する・希望しない
	今後、より自己成長を図り、社内における幹部を目指すか否かの確認します。（幹部・役員の方は、より高役職） 幹部候補生を志望する方、優先的に育成の機会を作って参ります。決して気合いや精神論で立候補しないで下さい。 優先的な育成とは、それなりに負荷もかかる事も有ります。 自己成長には個人差がありますので、十分考慮の上で立候補して下さい。現状の役職（又は専門職）に専念し、実績を積みたい方は、NOをお勧めします。（この答えが今回の評価には直接影響はしません。）立候補者は、今後より個人に合せた育成方針を立てて参りたいと思います。（＊毎回人事評価時にこの確認行います）	上記の理由

このシートの大きな特徴は、まず自分ですべての評価項目を記入する事です。まず「成長」は、外部研修や講演会、推奨する本を読んでレポートを書くなどといった自己研鑽を自主的にどれだけ行ったかを数値で書き入れます。「創造」は、会社の仕組みづくりのための改善提案をどれだけ行ったか。「貢献」は、改善に向けてどのような具体的な行動を行ったか、最も象徴的なものを2つ書きます。

社員は自分についてこのシートを作成した後、直属の上司に提出し、上司との面談ですり合わせを行い、数値を決定します。そして、社員と部門長が決定した各人のシートをもとに、私とすべての部門長が参加して、評価調整会議にかけられます。

「上司力」も審査される評価プロセス

当社では以前から、社員を評価するための人事会議は行われていましたが、その光景ははっきり言って見苦しいものでした。そこでは、上司は言いたい放題、部下の悪口を言い、会議というより愚痴の言い合いのようでした。

評価調整会議では、そのような態度は許されません。なぜなら、部下の働き、目標達成率が悪いこと、言うことを聞いてくれないことを愚痴るのは、自分に上司としての能力がないことをさらけ出しているにすぎないからです。

評価調整会議では、一人ひとりの社員の評点について侃々諤々の議論が行われます。数値化されない成果や表面化しにくい貢献事例なども丁寧に検討し、必要に応じて修正がなされ、最終的な評価が決定します。

その後、その結果は再び上司を通じて社員一人ひとりに伝えられます。単に最終評価の数字を伝えるだけではなく、その根拠、エビデンスも合わせて説明します。

そして、この面談のあとにはもう一つ特徴的なプロセスがあります。それは、評価された一人ひとりの社員が、社長である私にダイレクトで評価に関するレポートを行うことです。

そこでは、上司から納得的な説明がされたか、それによりやる気になったか、といったことが記載されます。特に自己評価よりも低い結果が出た時、上司から伝えられた評価に納得するか否かは、その上司が尊敬されているかということにかかっています。部門長がメンバーからどのようにみられているのか、という情報は、上司の評価に活用されます。

人事評価に完璧はない

多くの会社は、企業のトップが一人ひとりの社員が行った仕事について知りません。もちろん大きな企業であればそれは致し方ない部分がありますが、中小企業は目が行き届くことこそが強みです。

たとえば、夜間にトラブルがあり、それに深夜まで丁寧に対応してくれた社員がいたとします。そのことを社長がまったく知らないのと、しっかり耳に入れ、「大変だったね」「よくがんばってくれたな」「ありがとう」と声をかけるかで、社員のマインドは全く変わります。もちろん金銭的な評価も重要ですが、トップからの言葉により「報われた」という気持ちを強く持ちます。機能体組織の基本は仕事の数値化にありますが、社員への評価レポートでは、数値にできない部分を言語化することも大切なのです。

当社では、評価の仕組みを採用したことにより、社員の帰属意識、モチベーションが目に見えて高まったと思います。しかし、逆説的ですが、社員の努力に報いる計算を用する精緻で複雑な評価システムを作りこめば作りこむほど、社員一人ひとりが現場で行う仕事をすべて把握し、公正に評価することは不可能なことがわかってきます。人事評価の在り方には完璧は有り得ず、評価項目やポイントの付け方等を不断に改善していかなければならないことに気づくことこそ重要です。人の評価に完璧はあり得ないという認識は、人事評価制度の構築のためにＰＤＣＡサイクルを回す原動力となってくれるのです。

外部環境のせいにしない

ＳＷＯＴ分析で良くある間違ったケースとして、４要素の一つである外部要因の脅威を、新たな挑戦を「できない理由」として挙げ、具体的な方策を何も出すことのないまま議論が終了してしまうケースです。

売上が挙げられない理由に「景気が悪い」「商品が高い」「立地が悪い」といった環境を評論家的に上げていくことは簡単なこと。なかには、そういった評論をするときだけ元気になり、新しいアイデアを出す段になると黙ってしまう人もいます。

内部環境や外部環境の分析も必要ですが、それはあくまで考えるための素材にすぎません。その認識がないと、単に現状維持の決定を追認するだけになります。

第1章では、バブル崩壊など、社会経済の大きな脅威に、私が呆然と立ち尽くす場面がいくつかありました。外部環境だけを見て行動すると、市場が過熱している時は、SWOTでいう「機会」だけを見て立ち回り、市場のネガティブな変化を無視してしまいます。そして、「脅威」が顕在化すると、打つ手をなくしてしまいます。

これではなんの意味もありません。私の過去の失敗の要因は、マンションブームの終焉そのものではなく、環境変化に対する対処の遅れ、対策の未熟さという内部環境の弱さが要因であったと言えるのです。

いつも前を向ける体制づくり

経済の状況が大きく変わるときは、どこかに予兆はあるものです。バブル崩壊時も、広告への反応が目に見えて悪くなりました。また、そのような変化の一つ一つに対して必ず、自社の強み・弱みと掛け合わせ、対策を練る習慣をつければ、早く手段を講じることができます。

変化への気づきは、現場社員からの声であったり、顧客からの小さな要望であったり、社長の直感であったりします。SWOT会議では、そのような報告があった場合に、徹底的に検討される仕組みです。

もちろん、最適な手を売ったからといって、バブル崩壊やリーマン・ショックのような大打撃に、確実に耐えられるとはいえません。経済危機への対応は、理想論で語れるほど生易しいものではないでしょう。しかし少なくとも、危機に際し、立ち尽くすということはありえません。重要なのは、いかなる時でもさじを投げず、前を向いて手を打ち続けることができる体制をつくり上げることなのです。

全ては「顧客ニーズの変化」

大小さまざまに襲い掛かる経済的危機に対する心構えとして、私は、突き詰めて考えると経済の大きな変動は「お客様ニーズの変化」に分解できると考えています。顧客ニーズが変われば、それに合わせた事業展開、商品開発が必要であることは当然です。

父は高度経済成長期に創業し、日本に定着していなかった建売住宅に目をつけ、事業を拡大していきました。豊かになっていく日本に、水洗トイレが付いた近代的な住宅が大量に必要になっていました。そのためには早く建築できる規格化された住宅が最適であったのは間違いありません。持ち前のパワーで猪突猛進、市場を切り開いていきました。

そして、私が大学卒業後、営業社員として経験したバブル期は、その是非はともかくとして投資用マンションが多くの人に求められるというニーズの変化がありました。そして、バブル崩壊とともに需要は信じられないほど縮小しました。これも、突き詰めていえばニーズの変化です。

そして現在は低成長の時代です。少子高齢化が急速に進み、人口は今後大きく減少していくことも間違いありません。インフラが整い、その老朽化が懸念されており、人々のライフスタイルや価値観が多様化する時代でもあります。２０２０年に東京五輪が予定されていますが、父が創業したのは１９６４年の東京五輪の直前。状況は正反対といっても過言ではなく、お客様から求められるものが同じであるわけがありません。

■復活のきっかけは宅地分譲

再び、我が社で行われた改革のお話に戻ります。会社が抱えた課題に一つひとつ向き合い、組織が整い始めていたとき、転機が訪れました。ある「気づき」が、現在の当社の主事業につながったのです。本書は不動産の専門的な話をする目的のものではありませんが、参考になる事例ではないかと考え、少し詳しく紹介します。

父が行っていた事業は「建売」です。これは、土地と建物をセットで販売する方式。そしてもう一つ、土地を特定の工務店・ハウスメーカーによる建築を条件として売り、施工する、いわゆる「売建」があります。大きく分けると、以前は一般の方がマイホームを建てる方法の大半はこの2つでした。

しかしある日、家を建てたいというお客様からこのような要望があったとの報告を受けました。

「建築条件付きではなく、土地だけ売ってくれませんか」。

むろん、たまたまそのお客様の個別の事情でそのような必要性が生まれたことも考えられます。それまでなら聞き流してしまっていたかもしれません。また、社員の気づきについて情報共有する仕組みがなければ、報告が上がってくることもなかったかもしれません。しかし、私たちは、この要望の意味するところを考えることにしました。

住宅にまつわる顧客ニーズの変化

建売は、建物は規格化されたものとなるため、誰もが求める最小公約数的な機能、満足が求められます。建築条件の付いた売建であっても、自由度は限られます。

しかし、住まいに関する価値観も、家族形態も多様化し、多様な住宅を選び取っていく時代に入っていくと考えられます。お客様からの要望も実際にあり、なんらかの「機会」があると考えられます。

そして内部環境を見ると、当社はもともと宅地を扱う会社であることはもちろん、不動産関連事業で地域の知名度もあり、不動産仲介業を通して姫路市内の不動産の販売や市場に精通しているという「強み」もあります。自社で宅地開発を行い、建築条件を付けずに分譲する事業にはビジネスチャンスがあると考えることができました。

どこの工務店・ハウスメーカーにも建築を依頼でき、ローコスト住宅からこだわりの匠の建築まで自由自在。期限などもなく、宅地の購入後、じっくりと建築プランをたてることができる。これが前述した、分譲宅地「ロワイヤルガーデンズ」の誕生でした。建築条件なしの宅地分譲を、自社のブランドとして商品名をつけてシリーズ化したのは、業界初の試みだったのです。

正直に言うと、当初は宅地分譲について、それほど大きな需要があるとは思っていませんでした。しかし、事業を小規模に走らせてみた時、反応の良さに「いける」と確信しました。宅地分譲の売り上げの規模は15年で15億円となり、これによって業績を大きく伸ばすことができたのです。

あらゆる事業は永遠でない

当社ではこれまで、大小様々な試みをし、宅地分譲のように大きく育ってくれた事業もありますが、当然すべての事業が成功したわけではありません。事業の撤退もしましたし、小さくない損失が発生したことも一度や二度ではありません。

しかしそれも、SWOT会議で決定し、PDCAを回し改善を行いながら、会議で煮つめ、社員皆が知り、最後は私が決めるというプロセスを踏んでいますので、それによって社内が沈んでしまうことはありません。むしろ笑い話になるくらいです。

そして、私は宅地分譲という事業について、自社で創出した事業としての愛着、それにまつわるたくさんの思い出もありますが、事業自体にこだわりがあるのではありません。

宅地分譲の事業開始後にも、当然、外部環境や内部環境を分析し、ＳＷＯＴ会議を繰り返しています。最近の会議では、お客様が求めるものに少し早く気づいた先行者利益、ブランド力などの強みはあるものの、仕入れさえすればできる事業でもあり、すでに追随する業者の「脅威」が大きくなっていることも会議で指摘されることが多くなっています。

今後、事業を続けるにあたっても、「強み」と「脅威」の組み合わせで、差別化が必要となりますし、また新たな事業を創出していく必要もあるでしょう。しかし、モチベーション高く、様々な提案をしてくれる社員を見るにつけ、そう簡単に他社には負けない自信があります。これが当社の一番の「強み」なのでしょう。

機能を追求し、共同体の強さを知る

これまで紹介してきたように、私は会社が機能体組織として生まれ変わるための方策を様々に打ち出しました。その過程で発見したことは、意外なことに、会社の共同体組織としての姿でした。

企業の目的である利益を追求することには、なんとなく冷たさが感じられます。これが改革に当たって生じる様々な軋轢や齟齬の原因となります。共同体組織の目的はメンバーの幸せですが、会社の利益は必ずしもメンバーの幸せにつながるとは限りません。ですから、前述したように、機能体組織と共同体組織をある種の対立概念として説明したのです。

しかし、改革を行ううち、これら2つが必ずしも対立していないことがわかってきます。

価値観が多様化する今、幸せのかたちは色々ですが、間違いなく言えるのは、人は人に認められなければ幸せを感じられないということ。機能体組織は、人材を将棋の駒のように配置するイメージがありますが、それだけでは組織は動きません。

私が行った組織改革は、一人ひとりの社員に目を配り、社員の意見が反映され、仕事が評価される仕組みを作り上げるもの。永続的に利益を挙げることができる強い機能体組織は「働くことの幸せ」を感じさせるものでなくてはならず、共同体組織と決して矛盾しないのです。

ただし、共同体組織の多くは、家族や地縁など、自然発生的なものです。企業がそのようなものではないことは間違いありません。なれ合いや「なあなあ」で運営されている組織を維持するのではなく、厳格な機能体組織づくりを徹底する過程で、再び、強固な共同体が立ち上がってくるのです。

長期的に力を発揮する共同体

現在、雇用が流動化し、終身雇用ともいわれる日本の長期雇用の慣行がなくなっているといわれます。そして台頭するのが、社員を一から育てるのではなく、スキルが出来上がったプロを外部から招へいし、結果が出れば高額の給与を保証、結果が出なければ即クビにする「米国流」の経営手法です。雇用すら行わず、社内業務のほとんどをアウトソーシングで確保する手法もてはやされています。

こういった手法で経営効率が高まることは確かにあり、競争に勝てる組織を作るための一つの方法だとは思います。そして、機能体組織を作るためのノウハウに、このような経営手法と親和性の高いものが多いでしょう。

しかし、私は、このような経営のやり方は、日本の多くの企業文化に完全には相いれず、短期的な利益を出すためには効果を発揮するものの、長期的に事業を継続し、発展し続ける企業を作ることはできないのではないかと考えています。

こういった経営で失われてしまうのは帰属意識や愛社精神です。長期的に成長し、事業を継続できる会社は、社員が誇りを持って生涯働いてもらうことのできる会社です。実際に現在、給与もさることながら社員満足の高い企業が成功しているようです。働く社員たちにとって、自分の幸せと周りの社員の幸せ、会社の発展がリンクしているという、一種の共同体としての顔がある企業が、もっとも強靭なのではないでしょうか。

社員に家を持たせたい

企業が共同体としての価値は、働く社員が、その会社で働き続けることで将来を描くことができるか、ということにかかっていると思います。その点で、重要な制度として福利厚生があります。

福利厚生には、企業年金など老後の金銭的な保障をはじめ、施設等の優待、社内イベントやレクリエーションなどまで、大小さまざまなものがあります。最近は、福利厚生も外注化が進んでいるようです。

しかし、ここで提案したいのが会社独自の福利厚生です。人の幸せの形はいろいろで、上から押し付けるものではないとは思いますが「その会社で働いているからこそ得られる幸せ」を提供、提案することが有効なのではないかと思います。

当社は、不動産を扱う会社です。そこで、当社の福利厚生のテーマの一つが「マイホームを持てるようにしよう」。自分の家を持つことは、物質的な所有欲を満たすだけではありません。家は安心感のある幸せな生活の基盤となるもの。この会社で働き続け、10年後、20年後に家を建てる、といったビジョンを持てるよう、マイホーム購入のための補助金や仲介手数料の免除、援助をする仕組みを作っています。

仕事は、好むと好まざるとにかかわらず、ビジネスパーソンにとって人生の時間の多くを占めます。自分が行っている仕事と人生をリンクさせることができれば、仕事に当事者意識を持ち、お客様の思い、お客様の幸せを大切にする気持ちも生まれるのではないでしょうか。

変わってきた「幸せ」の定義

事業の大きな目的は顧客満足です。顧客の声に耳を傾けることが事業創出と売り上げにつながります。しかし、私はあえてこう言い切っています。「お客様満足はもちろん大切ですが、それ以上に大切なのは、共に働く社員を幸せにすることだ」、と。

一言で「幸せ」と言っても幸せの定義は人それぞれです。20歳代の若い頃、私は幸せとは、裕福な暮らしなど物質的に満たされていることだと思っていました。しかし、どんどん歳を重ねていくうち、幸せの定義も変わっていきました。幾ら高額な収入を得ても、人に言えない仕事や、良心に反した営業活動をしていては決して幸せとは言えません。またプライベートにおいても家族や職場の仲間、友人など対人関係に恵まれ、社内でも正当に評価され、またお客様にも感謝される。そういう環境が整って、人は初めて幸せを感じると思っています。人生において（特に男性にとって）、一番長い時間を過ごす職場は、それだけ大切な空間だと思います。

仕事というのは、誰かに喜んでもらったり、「ありがとう」と感謝されるような経験をしたり、自分の成長を実感できると俄然やる気が増していくものです。仕事が楽しければ夢中になって打ち込めるし、それが更なる成長につながり、お客様に喜んで頂ける素晴らしい商品やサービスが提供できる人財になると思います。人の幸せはスパイラルアップしながら、好循環をしてゆくものだと最近気づきました。

何度も申し上げている通り、私を経営者として生まれ変わらせ、成長させるきっかけとなったのは、社員をまったくの自社の都合で解雇したことへの自責の念でした。そして、会社を変革していく過程で、新たな共同体を見出しました。社員が幸せを感じられるような会社にしなければ意味がありません。その組織を常に改善し、未来につないでいくことに新たな使命を感じています。

そして今、再び思い出されるのが、父の2つの言葉です。「子供は死んでもまた作ればいい。会社は失えば取り返しがつかない」。父もまた、家族とは異なる共同体を会社に見出し、命がけで守ろうとしたのでしょう。父から激しさは受け継がなかった私も、流儀は違えど、同じことをしているのだと気づかされます。

そして、父のもう一つの口癖「天は自らを助けるものを助く」も心に響きます。これから、当社にどのような困難が降りかかるかはわかりません。しかしどのような脅威にも、あきらめず、心を強く持ちながら、全身全霊をかけるのが私の使命であると覚悟を決めています。

人間は何歳からでも変わる事が出来る

そろそろ、本書も終わりに近づいてきました。

本書で具体的に紹介した、KPIの設定やPDCAサイクル、SWOT分析等は、今や多くの経営者が引用するオーソドックスな手法、フレームワークで、経営者を対象とした書籍やセミナーなどでもよく参照されます。そのため、なかには、「目新しいものはなかった」「あたりまえではないか」とお感じの方もいらっしゃるでしょう。

しかし、そのような理論を使っても、多くの会社は変革に失敗します。あたりまえのことがあたりまえにできる環境は、一朝一夕に作れるものではありません。社員の理解を得ながら、目的意識と意志をもってその環境づくりを行うことこそがトップの務めであり、本書の主題もそこにあるのだと思っています。日産自動車や日本航空の例にもあるように、企業がどんな状況に陥っても、経営トップが交代するだけで、あれだけ大きな組織でも変わる事が出来る事は多くの前例があります。

我社の経営理念は、「成長・創造・貢献」です。

そもそも私は会社を「人間的成長の場」と考えています。仕事から多くを学び魅力ある人間になって、初めて魅力ある組織（会社）になると思うからです。将来、社員が定年を迎えた時、「この会社で成長できた」と思ってくれたらうれしい。そんな「人生最後の学び舎」でありたいと考えています。

業績一覧表

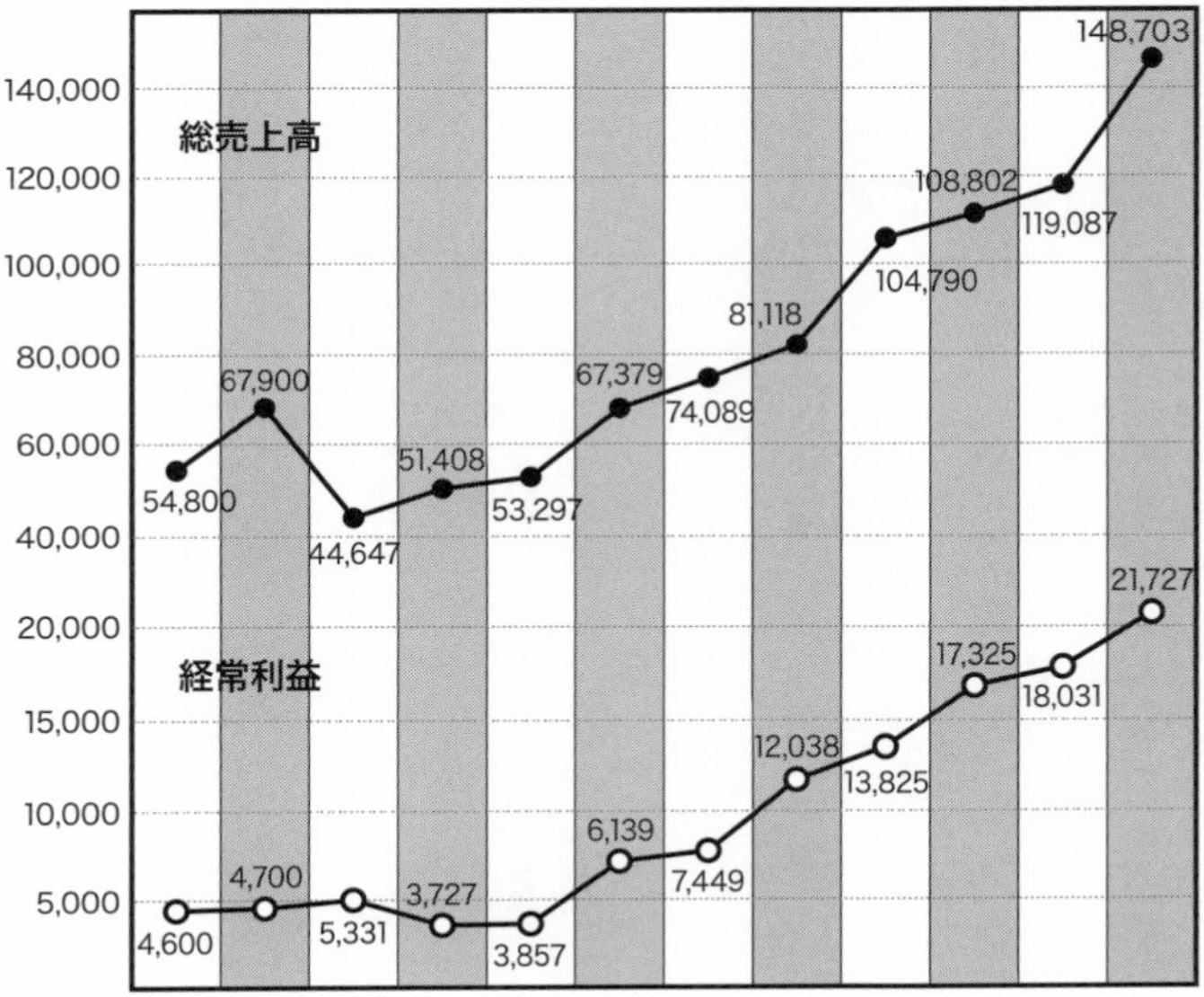

項目	H20 (第23期)	H21 (第24期)	H22 (第25期)	H23 (第26期)	H24 (第27期)	H25 (第28期)	H26 (第29期)	H27 (第30期)	H28 (第31期)	H29 (第32期)	H30 (第33期)	H31 (第34期)
総売上高	54,800	67,900	44,647	51,408	53,297	67,379	74,089	81,118	104,790	108,802	119,087	148,703
経常利益	4,600	4,700	5,331	3,727	3,857	6,139	7,449	12,038	13,825	17,325	18,032	21,727
経常利益率	8.39%	6.92%	11.94%	7.25%	7.24%	9.11%	10.05%	14.84%	13.19%	15.92%	15.14%	14.61%
前年比売上	152%	124%	66%	115%	104%	126%	110%	109%	129%	134%	114%	137%
前年比経常	219%	102%	113%	70%	103%	159%	121%	162%	115%	144%	130%	125%
宅地契約数	35	47	30	40	37	59	56	59	75	83	100	114
従業員数(人)	11	11	10	11	11	11	11	11	11	13	14	17

エピローグ

3年ほど前、自分の自動車の手続きで陸運局に行った時のこと。手続きの待ち時間、いすに座っていると、一人の女性がヒールの音を響かせながら近づいてきました。

「社長、おひさしぶりです！」。

顔を見た瞬間、言葉を失いました。その女性は、私が分譲マンション会社を解任された際、解雇した元社員のＦさん。はきはきとした声が印象的な「できる」営業担当社員でした。会議室で解雇の旨を伝えたとき「嫌です！」と、最も強く拒絶の気持ちを示した社員でもありました。

言いたいことがたくさんあるはずなのに、何も言葉が出ません。努めて、明るくあいさつし、「Ｆさん、あのときはホンマごめんな…。」という言葉がやっと出ました。女性は「いいえ、そんな事はありません」とやはり笑顔。そして、会社を辞めた後のことを教えてくれました。

「あの後、将来について考え直しました。それで一念発起で勉強して、行政書士の資格を取ったんです。今は独立して、今日は陸運局に、許認可申請の代理で書類を提出しに来たんです。あの出来事あったから、今の自分があると思っています」。

言いたいことは一杯あるはずなのに、胸がいっぱいで言葉が続きませんでした。

もちろん、元社員が立派に活躍しているからといって、あの出来事が一生の私の痛恨事であることに変わりはありません。しかし、元社員の活き活きとした姿を見たことで、心が幾分軽くなったのは事実です。そして、気持ちにある変化がありました。

「人間は何歳からでも変わることができる」、これは私の持論です。

そもそも私自身も、出来の良い子供ではありませんでした。ハッキリ言うと、出来の悪い子供でした。私の幼少期を知る人は、恐らくそう見えたと思います。しかし、親のお金でとりあえず大学まで卒業させてもらえました。

学生時代、学校の成績はおろか、自分に自信が持てた瞬間は一度もありませんでした。

唯一、車の事が大好きで、そのことを考えている時が一番幸せな時間でした。何をやっても上手くいかない時期を長く過ごし、就職して盲目的に頑張った結果、生まれて初めて人に認めて貰えました。

「なんだか、初めて人の役に立っている実感…。」初めて味わう高揚感、まさにそこからしばらくは有頂天でした。変な自信が付き、生意気な時期もあったと思います。それから父の会社に戻っても、どんどん有頂天な時期は続き、その後結果的に、経営に行き詰まり、大切な仲間の生活を一瞬で奪うリストラをする結果に。そんな時に出会ったのが、青年会議所の大先輩の田舞徳太郎さんでした。田舞さんが代表を務められる日本創造教育研究所の可能思考研修との出会いで、これまでの30数年間生きてきた中で抱いていた観念や価値観が、これまでの自分自身の意思決定や対人関係を作ってきたことを知りました。その後も定期的にこの日本創造教育研究所で実務的な経営手法や経営哲学を学び、経営者として少しずつ変わっていく事が自分でもハッキリと分かるほどでした。

私は、未だに会社というものは、いつかは潰れてしまうのではないかと思っています。

こう言うと、何か否定的な見方にみられるかもしれませんが、それは経営者になってからではなく、ずっと以前、その昔小学校の頃、両親がよく会社の事を話しているやり取りを何となく聞いていて、その頃から抱く何となくのイメージです。そんなやり取りの中で「子供はまた作ればいい」の話になったのだと思います。お陰様で現在は、経営上の深刻な心配をすることもなくなりましたが、今でも年に1〜2回は赤鹿地所が倒産危機に瀕する夢を見ます。

「商売がいつか駄目になるのではないか？」

その根拠のない恐怖心が、私の場合はいい方向に向いているかもしれません。倒産からの恐怖心から逃れるために、小さくても強い組織とは、コンパクト経営を心掛け、とにかく内部留保を蓄え、非常時に備える。

私の会社経営への努力の源泉は、これら倒産への恐怖心から生まれたものであると思います。

最近、こんな私を経営者の諸団体にお招き頂き、自社の経営の取り組みを講演したり、セミナー講師や講演を務める機会が増えました。

私と同じように組織を変えようと奮闘しながら、壁にぶつかっている年下の経営者に多数お会いし、相談を受けることも多くなりました。

しかし、出版やテレビなど、不特定多数、いわゆるマスに向けて経営について語ることは、どうしても抵抗を感じていました。それは「解雇した社員たちにどのような目で見られるだろう」「あのような失敗をした者が経営について語るなんて…」という気持ちがぬぐえなかったからです。

元社員との再会によって、私は、過去の私と同じ苦労をしている経営者の皆さんに、自分の経験や未熟さ、至らなさ、情けなさもすべてさらけ出してお話しすることで、何らかのお役に立てることがあるのではないか、と考えるようになりました。

それが初めての著書である本書を出版するきっかけです。

「行動の見える化」で成果は変わる。
8期連続増収増益の社長がすべて見せます

赤鹿 保生（あかしか やすお）

株式会社赤鹿地所 代表取締役社長。1966年生まれ。兵庫県出身。芦屋大学教育学部卒業。マンション分譲会社の営業を経て、1999年に赤鹿地所の社長に就任。姫路市を中心に「ロワイヤルガーデンズ」ブランドによる宅地分譲、商業地開発、不動産買取り、不動産仲介を中心とする事業を独自の手法で行い、住宅地・商業地の開発を展開。不動産賃貸会社、マンション管理会社などの関連グループ2社を経営する。

2019年12月24日発行

著　者　赤鹿 保生

発　行　株式会社グローヴィス
〒106-0047 東京都港区南麻布3-20-1 麻布テラス5F
Tel: 03-6859-8421　Fax: 03-6859-8401

編　集　足立 克之
装　丁　大高 広
校　正　謙成文庫

印刷製本　シナノ書籍印刷株式会社

発 売 元　星雲社（共同出版社・流通責任出版社）

ISBN978-4-434-26997-4　C0234